Ich bin nicht gern ein Prophet, denn meine Prophe-
zeiungen werden gerne wahr.

Martin Luther (1483-1546) wurde nach einem Ge-
lübde Mönch, dann Priester und mit 29 Jahren Pro-
fessor der Theologie in Wittenberg. Nach seinem
Thesenanschlag 1517 mit Kirchenbann und Reichs-
acht bestraft, flüchtete er auf die Wartburg und
übersetzte die Bibel ins Deutsche.
Er war einer der Mitbetreiber der Reformation, sah
sich aber als Prediger und nicht als Reformator von
Kirche und Staat; Aufruhr und Bauernkrieg lehnte
er ab.
Luther kämpfte gegen Papst und Teufel mit Feder
und Tintenfass. In seinen Predigten, Traktaten und
Tischgesprächen am heimischen Herd schaute er
dem Volk aufs Maul.
Seine legendären Sprüche zur Bibel, zum Papsttum,
zu Kirche, Kaiser und Küche, zu Ehe und Familie
versammelt dieser Band.

insel taschenbuch 4561
Luthers kleine Teufeleien

LUTHERS
kleine Teufeleien

Herausgegeben von Thomas Kluge

Insel Verlag

2. Auflage 2016

Erste Auflage 2016
insel taschenbuch 4561
Originalausgabe
© Insel Verlag Berlin 2016
Vertrieb durch den Suhrkamp Taschenbuch Verlag
Quellenangaben am Schluss des Bandes
Umschlagillustration: Hans Traxler
Druck: CPI – Ebner & Spiegel, Ulm
Printed in Germany
ISBN 978-3-458-36261-6

INHALT

LUTHERS *kleine Teufeleien*

UND WENN DIE WELT
VOLL TEUFEL WÄR

Und wenn die Welt voll Teufel wär
und möchte uns ganz verschlingen,
so fürchten wir uns nicht so sehr.
Es muß uns doch gelingen.
Der Fürst dieser Welt,
wie saur er sich stellt
tut er uns doch nicht;
das macht: er ist gericht'.
Ein Wörtlein kann ihn fällen.   *(LE, 1)*

Lauter böse Buben wollen wir sein und doch lauter
Gutes von Gott haben.   *(AS 4, 1)*

Wenn es keine Vergebung der Sünden bei Gott
gäbe, so wollt ich, wie ich von Natur bin, Gott gern
durchs Fenster hinauswerfen.   *(TG 1, 2)*

Mir hat Gottes Weis' oft übel gefallen, aber itz rede ich ihm nicht ein. *(TG 1, 1)*

Wenn es wahr ist, daß Gott mit uns in der Heiligen Schrift redet, so muß er entweder ein Bub sein, der ein Ding redt und hälts nicht, oder er ist die höchste Macht und Herrlichkeit. *(TG 1, 3)*

Peter Weller sagte: Das ist ein wunderlichs Ding, daß Gott allmächtig ist, und nicht alle Menschen gut und fromm erschafft. Darauf erwiderte der Doktor (Luther): Lieber, fahrt hinauf gen Himmel und fragt Gott, warum er so tut. *(TG 1, 4)*

Dienet dem Herrn mit Furcht und freuet euch mit Zittern: Das reim mir einer zusammen: fröhlich sein und fürchten! *(TG 1, 5)*

Wenn Gott redet, zürnt, eifert, straft, uns den Feinden übergibt, über uns Pest, Hunger, Schwert oder andere Plagen schickt, so ist's das sicherste Zeichen, daß er uns wohlwill. *(TG 2, 1)*

Wer der göttlichen Majestät Rat oder Werk so genau und scharf erforschen will, der untersteht sich, den Wind mit Löffeln zu messen und das Feuer auf Waagen zu wiegen.   *(TG 2, 2)*

Kann mir unser Herrgott das vergeben, daß ich ihn wohl zwanzig Jahre lang gekreuzigt und gemartert hab, so kann er mir ja das auch wohl zu gut halten, daß ich zuweilen einen Trunk tue, ihm zu Ehren.   *(TG 1, 6)*

Eine verwunderliche Sache ist es gewesen, daß Christus zum Himmel aufgefahren und den Blicken der Apostel entschwunden ist. Was mögen diese guten Jünger gedacht haben? Vielleicht: Da essen wir und trinken wir mit ihm, und nun verschwindet er vor uns und fährt empor zum Himmel; wie, wenn er nun ein Taschenspieler und Betrüger wäre?   *(TG 1, 7)*

Ist das nun nicht eine fröhliche Wirtschaft, wo der edle, reiche, fromme Bräutigam Christus das arme, verachtete, böse Hürlein zur Ehe nimmt,

sie entledigt von allem Übel und mit allen Gütern
ziert? *(AS 1, 1)*

Die Bibelübersetzung ist eine große Mühe. Wir
haben viel Öl dabei verbraucht. *(TG 1, 8)*

Ehe ein Mensch das erste Wort im Buch Mose
recht verstehen lernt: Im Anfang schuf Gott Himmel und Erde, – so ist er tot, und wenn er tausend
Jahre lebte, so würde er's doch nicht auslernen.
(TG 1, 9)

Stolz stieß den Engel aus dem Himmel; und er
verdarb viel Prediger. Darum Demut, die tuts im
Studium der Heiligen Schrift. *(TG 1, 10)*

Und schmeichelst du dir mit deinen eigenen
Büchlein, Lehren oder Schreiben, als habest du es
sehr köstlich gemacht und trefflich gepredigt, gefällt dir auch sehr, daß man dich vor andern lobe,
willst auch vielleicht gelobt sein (...) bist du von der
Art, Lieber, so greif dir selber an deine Ohren. Und

greifst du recht, so wirst du finden ein schön Paar
großer, langer, rauher Eselsohren. *(AS 1, 2)*

Ich studier itzund in Christi Abschiedsrede. Das
heißt ein Abschied! Ach Gott, was Kunst! Wie hohe
Wort! *(TG 1, 11)*

Ein Christenmensch ist ein freier Herr über alle
Dinge und niemandem untertan.
Ein Christenmensch ist ein dienstbarer Knecht al-
ler Dinge und jedermann untertan. *(AS 1, 3)*

Mir gemahnt der Frommen, wie einer Gans auf
der Wolfsgruben, da viel Tausend Wölf herum
sind, und dennoch wird die Gans gerettet, und
die Wölfe fallen in die Grube. Wenn es keine Engel
gäbe, hätten sie uns längst verschlungen.

(TG 1, 12)

Alle Wunder geschehen bis heute durch den Glauben: Denn der Glaube macht Blinde sehend, Lah-
me gehend, Taube hörend. *(LE, 11)*

Die Vernunft ist das größte Hindernis im Bezug auf den Glauben, weil alles Göttliche ihr ungereimt scheint, daß ich nicht sage: Dummes Zeug.

(TG 1, 13)

Der Glaube ist nimmermehr stärker und herrlicher, als wenn die Trübsal und Anfechtung am größten ist.

(LE, 17)

Das sollt ihr wissen: Gottes Wort und Gnade ist ein fahrender Platzregen, der nicht wiederkommt, wo er einmal gewesen ist.

(TG 6, 1)

Wenn ich den Glauben hätte, wie ihn die Schrift von mir fordert, so wollt ich den Türken allein schlagen.

(TG 1, 14)

Zum Glauben kann und soll man niemanden zwingen.

(AS 4, 2)

Gott ist ein glühender Backofen voller Liebe, der von der Erde bis in den Himmel reicht. *(AL, 1)*

Wer Gott nicht den Bauch anvertrauen kann, der kann nimmermehr die Seele anvertrauen. Freilich ist das bloß ein Kinderglaube, da lernen wir an Krücken gehen, da saugen wir noch die Brüste.

(LE, 2)

Es gibt kein wirksameres Mittel, den Satan zu schädigen, als ein gläubiges Gebet. Unser Herrgott ist ein frommer Gott, das sollen wir nicht vergessen. *(TG 1, 15)*

O Sautheologen! *(AL, 2)*

JE MEHR MAN PREDIGT,
JE TOLLER WIRD DIE WELT

Je mehr man predigt, je toller wird die Welt.

(TG 1, 16)

Niemals gelingt mir's so gut zu beten, zu predigen oder zu schreiben, als wenn ich zornig bin. Denn der Zorn erfrischt mir mein ganz Geblüt, schärft mir den Geist, vertreibt die Anfechtungen. *(TG 1, 17)*

Ich bitte, man wolle von meinem Namen schweigen und sich nicht lutherisch, sondern einen Christen nennen. (...) Wie käme denn ich armer stinkender Madensack dazu, daß man die Kinder Christi dürfte nach meinem nichtswürdigen Namen nennen?

(AS 4, 3)

(Die Lutheraner) hängen sich an mich wie Kot an das Rad.

(AS 3, 1)

Aber wenn wir in den Kirchen sind, während der Messe, stehen wir wie die Ölgötzen da. (...) Da klappern die Steinperlen, rauschen die Blätter und das Maul plappert. *(AS 1, 4)*

Wen wundert's, daß Blitz und Donner so oft Kirchen anzünden, weil wir so aus dem Bethaus ein Spotthaus machen und es beten nennen, auch wenn wir innerlich dabei nichts vorbringen? *(AS 1, 5)*

Denn das heißt nicht beten, wenn man in der Kirche steht, plärrt und plappert, sondern Angst lehrt recht beten; wie man sagt: Hunger ist ein guter Koch. *(LE, 18)*

Aber da wir das Wort (die Predigt) sehen bloß in Menschenmund, so ists uns gleich, als ob eine Kuh geblökt hätte. *(TG 1, 18)*

Lieber Gott, in die Kirche kommen Mädchen von 16 Jahren, Weiber, Greise und Bauern; sie verstehen nicht die hohen Dinge. Aber wenn einer passende und bekannte Vergleiche vorbringen kann, das versteht das Volk und behält es. Wer deshalb am meisten einfach und kindlich und volkstümlich und trivial lehren kann, der ist der beste Prediger. *(TG 1, 19)*

Einfach zu predigen, ist eine große Kunst. Christus tut's selber; er redet nur vom Ackerwerk, vom Senfkorn und gebraucht lauter grobe, bäurische Gleichnisse. *(AL, 3)*

Wenn's aber das Disputieren gilt, komm einer in die Universität zu mir! Ich wills ihm scharf genug machen und ihm antworten, er machs, wie kraus er will. *(TG 1, 20)*

Der Prediger steige auf eine Kanzel, öffne seinen Mund, höre aber auch wieder auf. *(TG 2, 3)*

Sechs Stücke gehören zu einem Prediger, wie ihn die Welt jetzt haben will:

1. daß er eine feine Aussprache habe;
2. daß er gelehrt sei;
3. daß er beredt sei;
4. daß er eine schöne Person sei, den die Mägdelein und Fräulein lieb können haben;
5. daß er kein Geld nehme, sondern Geld zugebe;
6. daß er rede, was man gerne hört. *(AL, 4)*

Ein Prediger soll Zähne im Maul haben, beißen und salzen und jedermann die Wahrheit sagen. Denn so tut Gottes Wort, daß es die ganze Welt antastet, Herrn und Fürsten und jedermann ins Maul greift, donnert und blitzt und stürmt gegen große, mächtige Berge, schlägt drein, daß es raucht, und zerschmettert alles, was groß, stolz und ungehorsam ist. *(LE, 15)*

Die Welt will uns armen Predigern niemals glauben. Wenn wir aber Geld hätten wie die Papisten, so wollten wir die Welt leicht bekehren. Weil wir aber arm sind, so haben wir kein Ansehen. *(TG 2, 4)*

Poeten, Juristen und schönen Mädchen ist es erlaubt, auf ihre Gabe stolz zu sein. Aber in der Heiligen Schrift muß sich ein jeder demütigen.

(TG 2, 5)

Bindet eure Ohren fest an unseren Mund und laßt unser Wort in euer Herz gehen, so wird Gott durch unser Wort euch trösten und stärken.

(LE, 20)

Ein Bienlein ist ein kleines Tierlein, macht süßen Honig, dennoch hat's einen Stachel. Also hat ein Prediger die allerliebsten Trostsprüche; doch wenn er aus billigen Ursachen zum Zorne gereizt und getrieben wird, so beißt und sticht er auch die Schuldigen.

(TG 3, 1)

Ich habe mich oft selbst angespien, wenn ich von der Kanzel kam. Schäme dich, wie hast du gepredigt! Du hasts wahrlich gut ausgerichtet, hast überhaupt nicht das Konzept beachtet! Und eben diese Predigt haben die Leute aufs höchste gelobt.

(TG 2, 6)

Tritt frisch auf, tu's Maul auf, hör bald auf!

(Luther zugeschrieben)

Leider sind viele Pfarrherren sehr ungeschickt und untüchtig zu lehren; sie können weder das Vaterunser noch das Glaubensbekenntnis oder die Zehn Gebote, leben dahin wie das liebe Vieh und unvernünftige Säue. *(AL, 5)*

Ich habe 24 Jahre allhie gepredigt, den Weg zur Kirchen also oft gegangen, daß nicht Wunder wär, daß ich nicht allein die Schuhe, sondern auch die Füße auf dem Pflaster abgewetzt hätte. *(TG 1, 21)*

GIBT ES EINE HÖLLE,
SO STEHT ROM DARAUF

Ich wollt nicht groß Geld nehmen, daß ich zu Roma nicht gewesen wäre. Ich würde es nicht glauben, hätte ichs nicht mit Augen gesehen. Denn so groß und so unverschämt ist dort die Gottlosigkeit und Bosheit, daß allda weder Gott noch Menschen, weder Sünde noch Schande geachtet wird.

(TG 1, 22)

In Rom, als ich auch so ein toller Heiliger war, lief ich durch alle Kirchen und Krypten und glaubte alles, was dort erlogen und erstunken ist.   *(TG 4, 1)*

Es gibt in Rom einen Spruch: Selig ist die Mutter, deren Sohn am Sonnabend in San Giovanni eine Messe hält. Wie gern hätte ich da meine Mutter selig gemacht! Aber es war zuviel Andrang und ich konnte nicht drankommen und aß stattdessen einen geräucherten Hering.   *(TG 4, 2)*

Die Hebräer trinken aus der Bornquelle, die Griechen aus den Wässerlein, die Lateiner aber trinken aus Pfützen. *(TG 4, 3)*

Nun ist ein solches Gewürm und Gewimmel in Rom und alles rühmt sich als päpstlich, daß zu Babylon nicht ein solches Treiben gewesen ist. Es sind mehr als dreitausend päpstliche Schreiber allein; wer will die anderen Beamten zählen, da der Ämter so viele sind, daß man sie kaum zählen kann? *(AS 1, 12)*

Man sollte die Wallfahrten nach Rom abschaffen. (...) Nun geschieht es, daß einer nach Rom wallfahrtet und fünfzig hundert, mehr oder weniger Gulden verzehrt, was ihm niemand befohlen hat, und läßt sein Weib und Kind oder überhaupt Nächsten daheim Not leiden.

(AS 1, 13)

Wenn ich gewußt hätte, daß so viel Teufel auf mich gezielt hätten, als Ziegel auf den Dächern waren zu Worms, wäre ich dennoch hineingeritten.

(AS 4, 8)

Mir könnte für meine Person nichts Besseres geschehen, als daß mich die Papisten fräßen, zerrissen, zerbissen oder wie sie mir sonst aus dem sündlichen, tödlichen Madensack hülfen. Ich spreche doch, wenn sie aufs höchste zürnen: Liebe Herrn, zürnt ihr, so geht von der Wand, macht in euer Badekleid und hängt's um den Hals. *(AS 4, 9)*

Ach Christus, mein Herr, sieh herab, laß deinen Jüngsten Tag anbrechen und zerstöre des Teufels Nest zu Rom! *(AS 1, 14)*

Papst, Vater aller verleugneten Christen, geschändet werde dein verfluchter Name, dein Reich komme in die Hölle, dein teuflischer Wille muß bald vergehen. Unser täglich Brot geb dir Gott nicht. Und erlaß uns unsere Schuld nicht durch deinen verlogenen Ablaß, wie wir dir auch nicht vergeben haben, daß du uns nicht mehr müssest führen in Versuchung. Sondern erlöse uns Gott von Deinem Übel. Amen. *(TG 3, 2)*

Hörest du es, Papst, nicht der Allerheiligste, sondern der Allersündigste, daß Gott deinen Stuhl vom Himmel herab möglichst bald zerstöre und in den Abgrund der Hölle senke! *(AS 1, 6)*

Wer kann des Papsts und der Kardinäle Hofstaat zählen, da doch der Papst, wenn er nur spazieren reitet, gegen drei- oder viertausend Maultierreiter um sich hat, mehr als alle Kaiser und Könige? Denn Christus und St. Peter gingen zu Fuß, damit ihre Statthalter desto mehr zu prunken und prangen hätten. *(AS 1, 7)*

Anstatt der frommen Prediger traten Ketzer, falsche Lehre und mancherlei Irrtum auf, die den Schafen Christi Gift für die Weide gaben. *(AL, 6)*

Wo die Lerche ist, da ist auch der Kuckuck gern, denn er meint, er könnte 1000mal besser singen als die Lerche. Genauso setzt sich auch der Papst in die Kirche und überschreit alle. *(TG 5, 1)*

Aber wenn ein Mädchen bei einem nackenden Pfaffen geschlafen hatte, da sieht der Papst durch die Finger und läßt's geschehen. Wird sie schwanger und gebiert ein Kind, gibt er es auch zu. Aber das Altartuch und Sakrament anzurühren, gesteht er nicht zu. Aber wenn sie einen Priester oben und unten anfaßt, mag es geschehen. *(AS 1, 8)*

All die Hurerei, Ehebrecherei und Unzucht, die in den Domen und Stiften bisher geübt werden (...) nämlich die sodomitische und gomorrische Keuschheit (...) daß sie es nicht wert blieben, mit Weibern auf natürliche Weise zu sündigen, sondern ihrem verdienten Lohn nach ihre eigenen Leiber und Personen durch sich selbst schänden. *(AS 4, 4)*

Sonst wäre es in alle Welt erschollen, wie frei und unverschämt der Papst und die Kardinäle Sodom in Rom abhielten. *(AS 4, 5)*

Gibt es eine Hölle, so steht Rom darauf. *(TG 3, 3)*

Ist das nicht ein Hurenhaus über alle Hurenhäuser, die jemand erdenken könnte, so weiß ich
nicht, was Hurenhäuser sind. *(AS 1, 9)*

Es ist ein deutliches Zeichen, daß die Teufel nirgends so kraftvoll leben wie in ihren Meßknech-
ten mit aller Unzucht, Geiz, Lästerung und allen
Lastern. *(AS 4, 6)*

Niemals mehr sollte die teuflische Hoffahrt zuge-
lassen werden, daß der Kaiser die Füße des Papsts
küßt oder zu seinen Füßen sitzt oder, wie man
sagt, ihm den Steigbügel hält und den Zaum seines
Maultiers, wenn er aufsitzt, um zu reiten. *(AS 1, 10)*

Es ist jedenfalls eine größere Sünde, daß man Gottes Wort und Dienst zum Schweigen bringt oder
vernichtet, als wenn einer zwanzig Päpste auf einmal erwürgt hätte. *(AS 1, 11)*

Schilt und nenne einen Papstesel wie du willst oder kannst, so ist's, als pfiffe ihn eine Gans an.

(AS 4, 7)

Als Luther auf den Wagen stieg, schlug er mit der Hand ein Kreuz und sprach zu den Umstehenden: Der Herr erfülle euch mit seinem Segen und mit Haß gegen den Papst. *(TG 5, 2)*

ADE MÖNCHE UND EINSIEDLER

Im Kloster einzeln im Winkel sitzen, das heißt niemandem dienen noch nütze sein; und sich dem Teufel zu Kitzel geben zu aller böser Lust.   *(AL, 7)*

Die Welt glaubt und erkennt nicht den verborgenen Schatz Gottes; sie kann nicht überzeugt werden, daß eine gehorsame Magd, ein treu arbeitender Knecht und ein gebärendes Weib einen betenden Mönch weit übertrifft.   *(TG 2, 7)*

(Die Mönche) kasteien ihren Körper mit Fasten, Wachen und Singen, tragen Kutten und geißeln sich mit Ruten. Einen solchen Gottesdienst hat Gott keineswegs geboten.   *(TG 2, 8)*

Es ist die bittere Wahrheit, daß man ja nicht mehr Bettelklöster bauen lasse. Hilf Gott, ihrer gibt es schon zu viele. Ja, wollte Gott, sie wären alle abgeschafft oder wenigstens auf zwei oder drei Orden zusammengefaßt! Es hat nicht gutgetan und tut nimmermehr gut, umherzuschweifen auf dem Land. *(AS 1, 15)*

Es ist eines der größten Bedürfnisse, daß alle Bettelei abgeschafft würde. Es wäre auch leicht, eine Ordnung darüber zu machen, wenn wir den Mut und den Ernst dazu täten, nämlich, daß jede Stadt ihre armen Leute versorgte und keine fremden Bettler zuließe, sie hießen, wie sie wollten, es wären Wallfahrtsbrüder oder Bettelorden. *(AS 1, 16)*

Ich bin selbst in den letzten Jahren so beschissen und versucht worden von solchen Landstreichern und Zungendreschern, mehr als ich zugeben will. Darum sei gewarnt, wer gewarnt sei. *(AL, 8)*

Vor allem der schäbigen Barfüßer- und Predigermönche Bücher sind zur Hand, voll der Abgötterei, wie die Marialia, Stellaria, Rosaria, Coronaria und alles lauter Diabolaria und Satanaria. *(AS 4, 10)*

Welcher Mönch oder welche Nonne sich zu schwach finden, die Keuschheit zu wahren, die sehen auf ihr Gewissen. (...) Der nähme eine Frau und sie nähme einen Mann. Wollte Gott, alle Mönche und Nonnen hörten diese Predigt und hätten das Verständnis und liefen aus den Klöstern und alle Klöster hörten auf, die in der ganzen Welt sind.

(AS 1, 17)

Soll er denn ein Weib halten, und der Papst erlaubt ihm das, doch nicht zur Ehe haben – was ist das anderes getan, als einen Mann und ein Weib beieinander allein lassen und doch verbieten, daß sie fallen, genauso, wie Stroh und Feuer zusammenlegen und verbieten, daß es raucht oder brennt?

(AS 1, 18)

Die heilige Weihe, nämlich, daß die Tonsur und das liebe Öl so stark sind, daß sie die Ehe wegfressen und aus einem Mann einen Nicht-Mann machen.

(AS 3, 2)

Ade Mönche und Einsiedler – das sind Erfindungen Satans. *(TG 1, 23)*

Was sollte Gott für einen Gefallen daran haben, wenn die elenden Vigilien und Messen so jämmerlich geplappert werden. *(AS 1, 19)*

Und zuvor sollte man die Kirchweihen ganz austilgen, zumal sie nichts anderes als rechte Tavernen, Jahrmärkte und Spielhöllen geworden sind. Es hilft nichts, daß man betonen will, es habe einen guten Ursprung und sei ein gutes Werk. *(AS 1, 20)*

Sie selbst in Rom spotten der Fasten, lassen uns draußen Öl fressen, mit denen sie ihre Schuhe nicht schmieren ließen, und verkaufen uns danach die Freiheit, Butter und allerlei zu essen. *(AS 1, 21)*

Das waren die Butterbriefe, darin der Papst die Freiheit verkaufte, an Fastentagen Butter, Käse, Milch, Eier zu essen. *(AS 3, 3)*

Die Reliquien: wie kam da Neues um Neues, und darunter solche groben, handgreiflichen Lügen, vom heiligen Kreuz, von vielen ganzen Körpern je ein und desselben Heiligen, von vielen Fingern eines einzigen Heiligen, bis daß man auch St. Franziskus' Unterhosen verehrte und Frauenhaar als St. Katherinen Haar. *(AS 3, 4)*

Wie hat der Teufel hier tote Knochen, Kleider und Geräte als der Heiligen Gebeine und Geräte herausgeputzt. (...) Was richtete allein die neue Bescheißerei zu Trier mit Christi Rock an! Was hat hier der Teufel großen Jahrmarkt gehalten in aller Welt und so unzählige falsche Wunderzeichen verkauft! *(AS 4, 11)*

Das Testament eines Pfaffen ist wie eine Wurst, die man ißt und die danach ausgeschieden wird. Das Schwein verschlingt und wird wieder eine Wurst, und so geht es ohne Ende. *(TG 6, 2)*

Es wäre auch wohl gut, wenn es nur wenige Heilige Tage gäbe, zumal ihre Werke zu unseren Zeiten mit Müßiggehen, Fressen und Saufen, Spielen und anderen bösen Taten großenteils schlimmer sind als die der Werktage. *(AS 1, 22)*

Die Beichte halte ich für eine der größten Plagen auf Erden, womit jedermanns Gewissen verwirrt, so viele Seelen verzweifelt gemacht und aller Menschen Glauben an Christus zuschanden gemacht wurde. *(AS 3, 5)*

Die Zeremonien sollen weichen, sie sind der Zunder und die Ursache für den Aberglauben. *(TG 2, 9)*

Die den Zölibat befürworten, sollten auch das Scheißen verboten haben. *(TG 4, 4)*

Ich bin unseres Herrgotts Quecksilber gewesen, das er in den Teich, d. h. unter die Mönche geworfen hat. *(TG 1, 24)*

DEUTSCHLAND IST WIE
EIN KRÄFTIGES PFERD

Deutschland ist ein sehr gutes Land, hat von allem genug, was man haben will, um dies Leben reichlich zu erhalten. Es hat allerlei Früchte, Korn, Wein, Getreide, Salz, Bergwerk und was aus der Erde zu kommen und zu wachsen pflegt Allein mangelt's an dem, daß wirs nicht achten noch recht gebrauchen, wie wir es sollten, Gott zu ehren und dem Nächsten zum Nutzen, und ihm dafür danken. Ja, wir mißbrauchen es aufs Allerschändlichste, viel schlimmer als die Säue. *(TG 2, 10)*

Je besser das Land, desto unartiger, ungeschickter, gröber die Leute. *(TG 6, 3)*

Erfurt hat die allerbeste Lage; auch wenn es zerstört würde, müßte da eine Stadt stehen. Jetzt ist es nicht mehr als ein Stall voll Säue. *(TG 3, 4)*

Wir sitzen allhier in Wittenberg nur auf einem Schindanger. Die Wittenberger leben am Ende der zivilisierten Welt; wären sie nur ein wenig weitergegangen, so wären sie mitten in die Barbarei gekommen.   (TG 4, 5)

Leipzig ist wie Sodom und Gomorrha. Mit Hurerei und Wucher überschüttet, darum kann's ihnen nicht wohl ergehen. Es geschieht ihnen recht: sie wollen's nicht anders haben. (...) Oh Leipzig, du bist ein böser Wurm. Über dich wird ein großes Unglück gehen. Ich werde es zwar nicht erleben, aber die Schüler auf den Gassen werden's erleben. Im Jahr 47 wird ein Unglück über sie gehen, im Jahr 52 wird sie Not leiden, im Jahr 54 wird Leipzig eine Stadt gewesen sein.   (TG 3, 5)

Leipzig ist eine Pestregion. Es saugt alle Städte aus und ist ein richtiges Hurenhaus. Wer nicht mit im Handel ist, der kann Leipzig nicht genießen, besonders im Geldhandel.   (TG 4, 6)

Wenn ich viel reisen müßte, würde ich nirgends lieber als durch Schwaben und das Bayernland ziehen. Denn sie sind freundlich und gutwillig, beherbergen einen gerne kommen Fremden und Wandersleuten entgegen und verhalten sich den Leuten gegenüber ordentlich, auch was das Geld angeht. Hessen und Meißner tun es ihnen in gewisser Weise nach, sie nehmen aber ganz gut ihr Geld dabei. Sachsen ist ganz unfreundlich und unhöflich. Ach, das Land bringt's nicht. *(TG 4, 7)*

Die Bayern verstehen bisweilen einer den anderen nicht recht, wenn's grobe Bayern sind.

(TG 6, 4)

Hessen ist deswegen die beste Gegend, weil es in Folge von Not und Hunger nicht eingenommen werden kann. Denn alle Feinde würden darin Hungers sterben. *(TG 6, 5)*

Die Meißner sind hoffärtig und maßen sich eine Klugheit an, die sie gar nicht haben. Die Thüringer sind pflichtvergessen und habgierig. Die Böhmen übertreffen alle anderen an spröder Kälte. Die Bayern sind dumm und unbegabt, dafür aber rechtschaffender. Die Franken und Schwaben sind schlicht, rechtschaffen und diensteifrig. Die Schweizer sind die vornehmsten unter den Deutschen, sie sind mutig und heiter. *(TG 3, 6)*

Es ist kein verachtetere Nation denn die deutsche. Italien heißt uns Bestien; Frankreich, England spottet unser und alle andern Länder. *(TG 1, 25)*

Die Schweiz ist ein dürres und bergiges Land, darum sind die Schweizer emsig und hurtig und müssen ihren Unterhalt anderswo suchen. Es sind robuste Menschen. Weil sie in den Alpen wohnen, treiben sie keinen Ackerbau, sondern haben nur Wiesen. Es ist doch nicht mehr denn Berg und Tal. Deshalb melken dort in Friedenszeiten sogar die Männer und machen Käse. *(TG 4, 8)*

Der Türke bleibt im Fluchen und Lästern wohl ungeschlagen. *(AS 4, 12)*

Es ist immer mein Rat gewesen, daß junge Gesellen, wenn sie ihren Katechismus gelernt haben, sich Italien anschauen, die Tücke und Spitzbüberei der Italiener erfahren, damit sich davor zu hüten lernen. *(TG 4, 9)*

Unser Herrgott muß uns Deutschen die Trunkenheit als eine tägliche Sünde anrechnen, denn wir können's wohl nicht lassen. Und sie ist doch so eine schändliche Plage, daß sie Leib und Seele, Hab und Gut wehe tut. *(TG 1, 26)*

Es mangelt den Deutschen an nichts; sie haben von allem genug. Nur an Verstand, Wissenschaft und am Fleiß fehlt's ihnen und sie können, was sie haben, nicht recht anwenden. *(TG 4, 10)*

Freilich hat man im Deutschen so viele Dialekte, daß sie sich gegenseitig nicht verstehen. *(AL, 10)*

Wir müssen aller Welt die deutschen Bestien heißen, die nichts mehr können als kriegen, fressen und saufen. *(AL, 11)*

Deutschland ist wie ein kräftiges Pferd, das Futter und alles hat, dessen es bedarf. Es fehlt ihm aber an einem Reiter. Gleich nun wie ein starkes Pferd ohne einen Reiter in die Irre läuft, so ist auch Deutschland stark genug an Kräften und Menschen, es mangelt ihm aber an einem Regenten. *(TG 2, 11)*

EIN FÜRST IST AUCH EIN MENSCH

Und sollst wissen, daß von Anbeginn der Welt ein kluger Fürst ein seltener Vogel ist, noch viel seltener ein frommer Fürst. (..) Sie sind gewöhnlich die größten Narren oder die ärgsten Spitzbuben auf Erden. *(AS 4, 13)*

Wo ein Fürst nicht ein halber Teufel ist, sondern auf sanfte Weise regieren will, da kann es nicht anders sein; es kommen die größten Schälke und Bösewichte ins Regiment und in die Ämter. *(AS 4, 14)*

Ein Fürst ist auch ein Mensch und hat immer zehn Teufel um sich her, wo sonst ein Mensch nur einen hat. *(AL, 12)*

Die Fürsten haben ein schweres und sehr hohes Amt; die Bauern schnarchen unterdessen in Sicherheit. *(TG 2, 12)*

Regieren ist durch die Finger sehen. Wer nicht durch die Finger sehen kann, der weiß nicht zu regieren. *(TG 2, 13)*

Gott hat unsere Fürsten toll gemacht, daß sie meinen, sie könnten ihren Untertanen tun und gebieten, was sie nur wollen und die Untertanen irren auch und glauben, sie seien schuldig, dem allen zu folgen. *(LE, 26)*

Man würde den Gebietern gewiß Nieswurz zum Dank schenken, damit sie das Hirn fegten und den Schnupfen loswürden. *(LE, 27)*

Die Regenten sind wie das Volk; ein Blinder führt den andern. *(AS 1, 23)*

Junge Regenten meinen, sie könnten einen Felsblock anheben wie einen Kieselstein. *(TG 1, 27)*

Gott achtet die Könige, wie die Kinder ein Kartenspiel achten. Solange sie spielen, halten sie es in ihren Händen; danach werfen sie es in einen Winkel, unter die Bank oder in den Kehricht. So handelt auch Gott mit den Potentaten. Solange sie im Regiment sind, hält er sie für gut, aber sobald sie es übertreiben, stößt er sie vom Thron und läßt sie da liegen wie den König von Dänemark. *(AL, 13)*

So groß ist die Gottlosigkeit derer von Adel, daß sie es ohne ein Gewissen wagen, in ihrer Schlechtigkeit noch groß zu tun, einer habe in einem Jahr 43 Kinder gezimmert. *(TG 1, 28)*

Der Landgraf ist ganz von Sinnen. Nun bittet er schon den Kaiser, ihm die zwei Frauen nebeneinander zu erlauben! *(TG 1, 29)*

Vor mir ist kein Jurist gewesen, der gewußt hätte, was recht ist. Sie haben's von mir, was sie haben. Es steht im Evangelium nicht, daß man die Juristen anbeten soll. *(TG 2, 14)*

Mir gefallen die Juristen und Schreiberlinge auch nicht, die sich loben, daß sie andere Stände verachten oder verspotten, als wären sie es alleine und taugte sonst niemand in der Welt als sie; wie das die beschorenen Pfaffen samt dem ganzen Papsttum bisher auch getan haben. *(AL, 14)*

Jeder Jurist ist entweder ein Nichtsnutz oder Nichtswisser. Und wenn ein Jurist davon disputieren will, so sagt ihm: Hörst du, Geselle? Ein Jurist soll hier nicht eher reden, es farze denn eine Sau. Dann soll er sagen: Habe Dank, liebe Großmutter, ich habe lange keine Predigt gehört! Sie sollen uns nicht lehren, was Kirche heißt. Es ist ein altes Sprichwort: Ein Jurist, ein böser Christ. *(AL, 15)*

Das Studium des Rechts ist schmutzig und gewinnsüchtig, denn sein letzter Zweck ist Geld; man studiert die Rechte nicht zur Ergötzung und um der Kenntnis der Dinge willen. *(TG 2, 15)*

Bewahre uns, daß wir nicht in Hochmut fallen, laß Juristen, Ärzte und andere hochmütig sein. In der Theologie hat der Hochmut keinen Platz, weil sie Leute fordert, die geistlich arm sind, die Gott anrufen sollen und die Gott erretten will. *(TG 2, 17)*

Bürgermeister und Fürsten und Adel können wir entbehren, Schulen kann man nicht entbehren, denn sie müssen doch die Welt regieren. Man sieht, daß heute kein Potentat ist, der sich nicht von einem Juristen oder Theologen regieren lassen muß. Sie können selbst nichts und schämen sich zu lernen, darum muß es aus der Schule herfließen. *(LE, 14)*

Menschen (...) müssen Rechte, Gesetze und Ordnung haben, wo nicht, so werden sie zu Bären, Wölfen, Löwen und Bestien – ohne Ökonomie und Polizei, da es kein Regiment und keine Zucht mehr im Hause und in der Welt gibt. *(TG 2, 16)*

AUFRUHR HAT KEINE VERNUNFT

Mit bösen Buben nur hinunter! Sie werden nicht besser und richten ein Unglück über das andere an. – Darum: wer den Tod verdient hat, nur hinweg mit dem! Es ist wie mit den Dieben: sie sind nicht besser denn am Galgen; wie der Mönch gehört ins Kloster, der Fisch ins Wasser. Ich habe etliche frei gebeten, aber nach ein paar Tagen hat man sie doch gehenkt. *(TG 1, 31)*

Würden die Bauern Herren, so würde der Teufel Abt werden; würden die Tyrannen Herren, so würde seine Mutter Äbtissin werden. *(AS 4, 15)*

Ich wollte, daß ich nur drei Tage lang ein Engelein sein könnte, so wollte ich den Bauern alle ihre Schätze stehlen, die wollte ich in die Elbe werfen. Oh, da würden alle Stricke zu wenig werden, so würden sie sich erhängen, dort einer, hie einer. *(TG 2, 20)*

Es kommt aber daher, weil es kein echtes Regiment in der Welt gibt. Niemand will arbeiten; darum müssen bei den Handwerksleuten die Knechte feiern. Die sind dann frei und niemand kann sie zähmen. *(AS 1, 24)*

Umgekehrt sollen die Herren und Frauen ihre Knechte, Mägde und Arbeiter nicht so anherrschen, daß sie wütend werden, nicht alles übergenau untersuchen, zuweilen etwas nachlassen und um des Friedens willen durch die Finger sehen.
(AS 1, 25)

Ihr sollt keinen Wucherer, Einbrecher, Säufer lassen zu Gevattern stehn, viel weniger einen Schwärmer. *(TG 1, 32)*

Man darf dem Pöbel nicht viel pfeifen, er tollt sonst gern. *(AS 4, 16)*

Denn Böse gibt es immer viel mehr als Fromme.
(AS 4, 17)

Eine Geldstrafe ist keine Strafe, weil die Leute entweder reich sind oder das auf irgendeine Weise erlangte Geld nicht groß achten. Aber die Strafe der Schande oder die Leibesstrafe oder die Todesstrafe, das sind die eigentlichen Strafen. *(TG 2, 18)*

Gedanken sind zollfrei. Sie werden nicht bestraft, wie auch nicht die Begierden, nämlich nach bürgerlichem Recht. Dafür ist Gott ihr Richter.

(TG 1, 30)

Denn der gemeine Mann, in Erregung und Verdruß über die Schädigung, die er an Gut, Leib und Seele erlitten hat, zu sehr gereizt (...) kann und will hinfort dieses nicht mehr leiden. Er hat gehörigen Grund dazu, mit Flegeln und Kolben dreinzuschlagen.

(AS 4, 18)

Aufruhr hat keine Vernunft und geht überall mehr über die Unschuldigen als über die Schuldigen. Darum ist auch kein Aufruhr recht.

(AS 4, 19)

Die Bauern nehmen der Obrigkeit ihre Gewalt und auch ihr Recht, ja alles, was sie hat. Denn was behält sie, wenn sie die Gewalt verloren hat? (...) Frißt der Wolf ein ganzes Schaf, so frißt er gewiß auch wohl ein Ohr davon. *(AS 4, 20)*

Der Esel will Schläge haben und das Volk will mit Gewalt regiert sein. Das wußte Gott sehr gut, darum gab er der Obrigkeit nicht einen sanften Fuchsschwanz, sondern ein Schwert in die Hand.
(AS 4, 21)

Es ist ein verzweifeltes, verfluchtes Ding mit einem tollen Pöbel, den niemand so gut regieren kann als die Tyrannen; die sind der Knüppel, der dem Hund an den Hals gebunden ist. *(AL, 16)*

Höchste Knechtschaft und höchste Freiheit, beides sind höchste Übel. *(TG 1, 33)*

Ein Prediger soll sich nicht wehren. Darum nehme ich kein Messer mit auf die Kanzel, sondern nur auf den Weg, wenn ich wandere und über Land ziehe. *(TG 1, 34)*

Wenn sich's begibt, daß zwei Ziegen einander auf einem schmalen Stege begegnen, der über ein Wasser geht, wie verhalten sie sich? Sie können nicht wieder zurückgehen, ebenso können sie auch nicht nebeneinander vorbeigehen, der Steg ist zu schmal. Sollten sie denn aneinanderstoßen, so möchten sie beide ins Wasser fallen und ertrinken. Wie tun sie denn? Die Natur hat ihnen gegeben, daß sich eine niederlegt und läßt die andere über sich hingehen, so bleiben sie beide unbeschädigt. So sollte ein Mensch gegen den andern auch tun und auf sich mit Füßen gehen lassen, ehe er denn mit einem andern sich zanken, hadern, bekriegen sollte. *(TG 2, 21)*

Der Türke und die Tartaren wissen nicht, daß es Gottes Wort sei. Darum kann kein Türke so böse sein wie du, sondern du mußt zehnmal tiefer verdammt werden, denn alle Türken, Tataren, Heiden und Juden. *(AS 4, 22)*.

Es sind Landsknechte unter Leuten wie die Bücklinge unter Heringen. Ein verdorbener Hering gibt immer einen Bückling, und was sonst zu nichts taugt, gibt immer noch einen Kriegsmann. *(AL, 17)*

Die Landsknechte, die in den Landen herumlaufen und Krieg suchen, obwohl sie doch arbeiten und ein Handwerk treiben könnten, bis sie aufgefordert würden, verlieren auf solche Weise die Zeit aus Faulheit oder aus rohem, wildem Gemüt.

(AS 4, 23)

Ich möchte durch die Hand meiner Feinde umkommen. Mein Tod würde der Kirche mehr nützen als mein Leben. (...) Darum würde ich mich nicht weigern, unserm Fürsten in den Türkenkrieg zu folgen. Wenn ich umkäme, wäre es um den Türken geschehen. Gott würde zu ihm sprechen: Hörst du, Türke, du hast mir Martinus Luther getötet usw. *(TG 1, 35)*

Wer Krieg anfängt, der ist im Unrecht. Und es ist billig, daß derjenige geschlagen oder doch zuletzt bestraft werde, der zuerst das Messer zückt. *(LE, 33)*

Wir beten: Gib Frieden, Herr. Aber ich fürchte, das werden wir zu unseren Lebzeiten nicht erhalten, sondern erst im Grabe. *(TG 2, 22)*

So steht denn das Ende der Welt vor der Tür, sie ist auf die Hefen gekommen. Wer etwas will anfangen, der mag es beizeiten tun. Die Freuden dieser Welt sind aus. *(TG 1, 36)*

DER EHESTAND IST NÖTIG
UND GEBOTEN

Es ist kein freies Ermessen oder ein Entschluß, sondern ein nötiges und natürliches Ding, daß alles, was ein Mann ist, muß ein Weib haben, und was ein Weib ist, muß einen Mann haben. *(AS 3, 6)*

Der Ehestand ist nötig und geboten. *(AL, 20)*

Mann und Weib sind geschaffen, daß sie ein Leib sein sollen und aneinander hangen und bleiben. Den ledigen Personen, die zur einsamen Keuschheit nicht begnadet sind, muß man das Gewissen damit beschweren, nötigen und plagen, bis sie daranmüssen und zuletzt sagen: Soll's sein, muß es sein, kann's nicht anders sein, so walt's Gott, und sei es gewagt. *(AL, 18)*

Von der Ehe schrecken ab: Armut Das Alter Der Stand Spott Die ewige Verbindung Des Weibes Sitten und Sinn. *(TG 5, 3)*

Es wäre gut, ehelich zu werden; wie aber soll ich mich ernähren? Faule, gefräßige Schelme wollen sie sein, die nicht zu arbeiten brauchen. Drum wollen sie freien, wenn sie reiche, hübsche, tüchtige, freundliche Weiber haben können. *(AS 3, 15)*

Die Welt, wenn sie vom Ehestand hört, sagt sie: Ja, es wäre wohl gut, ehelich zu werden, aber womit ernährt man ein Weib? (...) Da hörst du, womit du dein Weib ernähren sollst, nämlich, daß du in deine Hand speien und dir sauer werden lassen und arbeiten sollst, daß dir der Schweiß über die Nase läuft. *(AL, 23)*

Das sind die Nöte der Ehe, um derentwillen sich jeder vor der Ehe scheut: Wir fürchten uns alle vor dem Eigensinn der Frauen, vor dem Geschrei der Kinder, vor den Sorgen und vor schlechten Nachbarn. Deshalb wollen wir gern frei sein und nicht gebunden. Wir wollen freie Herren bleiben und gehen lieber zu einer Dirne. *(TG 2, 26)*

Wenn die kluge Hure, die natürliche Vernunft, das eheliche Leben ansieht, so rümpft sie die Nase und sagt: Ach, sollte ich das Kind wiegen, die Windeln waschen, das Bett machen, den Gestank riechen, die Nacht wachen, auf sein Schreien achtgeben, seinen Grind und Blattern heilen, darnach das Weib pflegen, sie ernähren, arbeiten, hier sorgen, da sorgen, hier tun, da tun, das leiden und dies leiden und was der Ehestand denn mehr Unlust und Mühe lehrt. *(AS 3, 16)*

Ich habe viele Paare Ehevolks gesehen, die in so großer Brunst zusammengekommen sind, daß sie einander vor Liebe haben fressen wollen, aber nach einem halben Jahr, da liefen sie wieder voneinander. *(TG 2, 27)*

Die Welt spricht von der Ehe: kurze Freud und langes Leid. Aber laß sie sprechen, was sie will! *(AS 3, 17)*

Auch wenn wir es nicht vor aller Welt öffentlich sind, so sind wir's doch im Herzen, und wo wir Raum, Zeit, Ort und Gelegenheit hätten, brächen wir alle die Ehe. *(LE, 28)*

Ehe ein halbes Jahr hingeht, so wirst du es so genug haben! Wirst keine Magd im Haus haben, du wirst sie lieber haben als dein Weib! Und es geht so, denn wir hassen, was wir haben, wir lieben, was wir nicht haben, das ist die Schwachheit unserer Natur. *(LE, 29)*

Ein Schneider hatte seine Frau beim Ehebruch ertappt und ihr ein Stück von der Nase abgeschnitten. Da fragte die Doktorin: Was soll man mit dem Ehebrecher tun? Es war doch noch ein junger Gesell. Darauf antwortete der Doktor: Ich hätt Sorg, ich würd ihn erstochen haben! Und als die Doktorin sagte: Wie können doch die Leut so bös sein und sich mit solcher Sünde beflecken? – antwortete der Doktor: Ja, liebe Käthe, die Leut beten nicht. *(TG 1, 39)*

Warum erwürgt man die Ehebrecher nicht?

(AS 3, 18)

Es dauert mich das Schicksal des trefflichen Magister A., der ein so schamloses Weib hat und sich dennoch nicht von ihr scheiden lassen will. Wenn er Klage führte, würden wir ihn scheiden. Sie ist zwar keine öffentliche Ehebrecherin, aber da sie schamlos und sittenlos ist, ihm nichts zu Willen tut und herumläuft, wo es ihr paßt, weist sie doch alle Zeichen des Ehebruchs auf. *(TG 1, 40)*

Wenn ein zur Ehe fähiges Weib einen zur Ehe unfähigen Mann bekäme, sollte sie zu ihrem Mann sagen: Siehe, lieber Mann, du kannst mir deine Schuldigkeit nicht erfüllen und hast mich um meinen jungen Leib betrogen (...), erlaube mir, daß ich mit deinem Bruder oder nächsten Verwandten eine heimliche Ehe habe und du den Namen hast, auf daß dein Gut nicht an fremde Erben komme.

(AS 3, 19)

Eine Ehebrecherin bringt einen fremden Erben ins Haus und betrügt den Mann. *(TG 2, 28)*

Als man ihn fragte, ob Jungfrauen, die an sich selbst Hand legen, um ihre Keuschheit zu retten, damit recht handeln, antwortete er: das sind besondere Werke Gottes, die wir nicht richten können. *(TG 1, 41)*

Magister G. hat ein reiches Weib genommen und seine Freiheit dadurch verkauft. Denn für gewöhnlich geht es so: Wenn ein armer Mann ein reiches Weib bekommt, dann will sie der Herr sein. Und wenn er ihr ein Wort sagt, das ihr nicht gefällt, so reißt sie das Maul auf und fährt ihn an: Du wärst ein Bettler geblieben, wenn ich dich nicht genommen hätte. Das sollte mir passieren, daß mir meine Käthe über's Maul fährt. Ich wüßte sie schon zu belohnen – mit einer Maulschelle. *(TG 5, 4)*

Es ist ein böses Zeichen, wenn sich ein Ehegatte über das Weggehen des andern Ehegatten freut und durch seine Rückkehr erschreckt wird. (...) Liebe

Tochter, halte dich also gegen deinen Mann, daß er fröhlich wird, wenn er auf dem Heimwege des Hauses Spitzen sieht. *(TG 1, 42)*

Daß du aber gerne eine Schöne, Fromme und Reiche haben willst, eia mein Lieber! Man sollte dir eine malen. Mit roten Wangen und weißen Beinen. Die sind auch die Frömmsten, aber sie kochen nicht gut und sind schlecht im Bett, es wird dir wie den Nonnen gehen, zu denen man geschnitzte Jesusse gelegt hat. Sie haben sich nach anderen Männern umgesehen, die lebendig waren und ihnen besser gefielen, und haben gesehen, daß sie bald wieder aus dem Kloster kommen. *(TG 5, 5)*

Folgendes sind die Stücke einer Ehe: Die natürliche Befriedigung des Geschlechtstriebs; Zeugung und Nachkommenschaft; Hausgemeinschaft und gegenseitige Treue. *(TG 1, 37)*

Ehestand geht vor allen durch alle Stände.

(AS 3, 9)

Wie ich nun mit einem Heiden, Türken und Ketzer essen, trinken, schlafen, gehen, reiten, kaufen, reden und handeln kann, so kann ich auch mit ihm ehelich werden und bleiben; und kehre dich an der Narren Gesetze, die das verbieten, nicht.

(AL, 19)

Adam und Eva werden sich in den 900 Jahren ihrer Ehe weidlichst gestritten haben: Du hast den Apfel gefressen. Adam wieder wird geantwortet haben: Warum hast du ihn mir gegeben? Denn sie werden bei einer so langen Lebenszeit ohne Zweifel viel Böses, viel Unglück mit Herzeleid und Seufzen in ihrem Ehestand gesehen haben.   *(TG 5, 6)*

NIEMAND IST OHNE BÖSE LUST

Ich will aber von der ehelichen Pflicht schweigen und beiseite lassen, wie sie zu erfüllen und zu verweigern ist. Etliche Sauprediger sind ja an diesem Punkt schamlos genug, Schweinereien anzuführen. *(AS 3, 10)*

Niemand ist ohne böse Lust, aber er soll und muß täglich dagegen streiten. *(AS 1, 27)*

Einige Klüglinge suchen ihre Ausflüchte, damit sie ja nicht ehelich werden und zuletzt ganz in der Hurerei ersaufen. Die geben vor, es geschehe dennoch viel Böses im Ehestand und werde viel darin gesündigt. Das leugnet niemand nicht, daß es so ganz ohne Sünde abgehe. Aber gib du mir einen Stand, in dem es ohne Sünde abgeht? *(AL, 21)*

Es meinen viele, damit dem ehelichen Stand zu entlaufen, daß sie sich eine Zeitlang wollen aushuren und danach rechtschaffen werden. Wenn unter tausend einem das gelingt, so ist's wohl gelungen. (...) Es darf gewiß mehr eingehurt als ausgehurt heißen. *(AS 3, 11)*

Hurerei verdirbt nicht allein die Seele, sondern auch Leib, Gut, Ehre und Freundschaft; wir sehen, wie das hurerische und unzüchtige Leben nicht allein eine große Schande, sondern auch ein verschwenderisches Leben ist und mehr kostet als ein eheliches Leben. *(AS 3, 12)*

Gott ließ die Heiden fahren in Hurerei und Geschlechtskrankheit, bis dahin, daß sie nicht mehr Weiber, sondern Knaben und unvernünftige Tiere schändeten. Ebenso schändeten auch die Weiber sich selbst und eine die andere. *(AS 3, 13)*

Es ist jungen Leuten zu raten, nicht in der ersten Hitze zu heiraten. Denn wenn sie den Fürwitz gebüßt hätten, so könnte keine beständige Ehe bleiben. Deshalb wäre das etwas größere Alter zur Ehe besser geeignet, sonst kommt das Hündlein Reue, das viele Leute beißet. *(TG 2, 23)*

Vor dem Beischlaf soll man mit allem Fleiße vorher sehen und bedenken, ob's zu tun oder zu lassen sein möge; was nach dem Beischlaf geschieht, das muß man geschehen lassen. *(TG 3, 7)*

Wenn ein Greis eine junge Frau heiratet, so heißt das, den Greis bürgerlicher- und natürlicherweise töten. *(TG 2, 24)*

Wolle Gott im Himmel, daß man einmal auch mit einer solchen Regelung anfangen würde, die öffentlichen Frauenhäuser abzuschaffen. (...) Es ist ja ein unchristliches Bild, ein öffentliches Sündenhaus unter den Christen zu haben, was vorzeiten ganz unerhört war. Es sollte eine Ordnung geben, daß man Knaben und Mädchen rechtzeitig zusammengäbe, um solcher Untugend zuvorzukommen. *(AS 1, 28)*

Wer sich nicht findet geeignet zur Keuschheit, der wag's in Gottes Namen und greife zur Ehe: ein junger Mann spätestens, wenn er zwanzig, ein Mädchen, wenn es etwa fünfzehn oder achtzehn Jahre alt ist; dann sind sie noch gesund und geeignet. *(AS 3, 14)*

Nun, wenn nicht mehr Werke geboten wären, als nur die Keuschheit, wir hätten alle damit genug zu tun; solch ein gefährliches, wütendes Laster herrscht da. Denn es tobt in allen Gliedern: in den Herzen mit Gedanken, in den Augen mit dem, was wir sehen, in den Ohren mit dem, was wir hören, im Mund mit Worten, in den Händen, den Füßen und dem ganzen Leib. *(AS 1, 29)*

Die heidnische Liebe und der heidnische Haß aber ist eine unvernünftige Sau, wirft hin und rafft ohne Unterschied den Menschen mit seinem Laster und mit seiner Tugend. *(AL, 22)*

Die Kastraten sind ein unseliges Volk. Denn obwohl sie unfähig sind zur Ehe, so sind sie doch bö-

ser Lust nicht los und werden frauensüchtiger als
vorher.   *(AS 3, 7)*

Ich finde das Sprichwort wahr, daß zum größeren
Teil Verzweiflung Mönche und Nonnen macht (...).
Ich will aber treulich raten, um viele Sünden, die
gröblich einreißen, zu vermeiden, daß weder Knabe
noch Mädchen sich zur Keuschheit oder zu geist-
lichem Leben verpflichten, bevor sie dreißig Jahre
alt sind.   *(AS 1, 26)*

Geschlechtsverkehr zu haben und sich zu samen
und zu mehren, ist Gottes Schöpfungswille und
steht nicht in Deiner Macht. (...) Hindern Mönche
und Nonnen es aber, so sei gewiß, daß sie nicht
rein bleiben und mit Selbstbefriedigung oder Hurerei sich besudeln müssen.   *(AS 3, 8)*

Die Begierde kommt ohne besonderen Anlaß wie
Flöhe und Läuse, Liebe aber ist dann da, wenn wir
anderen dienen wollen.   *(TG 2, 25)*

Die Sinnlichkeit ist eine Mauer und ein großer Berg, der uns hindert, unser Heil zu sehen.

(TG 1, 38)

Was zur Sünde reizen soll, das muß schön sein. Ein schlechter, einfältiger Bauer und ungelehrter Mann oder eine häßliche Magd, Wasser oder ein unflätiger Sack wird niemanden reizen oder bewegen, sondern es gehört dazu eine feine glatte Zunge, rote Nobel, Gulden und gute Taler, schöne Dirnen und süßer Wein, schöner Samt etc. Also reizet und beweget der Satan einen Menschen, zu sündigen durch die reinsten und schönsten Kreaturen.

(TG 3, 15)

Aber ich will dir ungescherzt sagen: Fühlst du keine Sünde mehr, so bist du gewiß in Sünden ganz tot, tot, und die Sünde herrscht mit Gewalt über Dich.

(LE, 19)

EIN WEIB IST SCHNELL GENOMMEN

Das Gerücht ist wahr, daß ich mit Katharina plötzlich verehelicht worden bin, ehe ich genötigt würde, über mich lärmende Mäuler zu hören, wie es zu geschehen pflegt. Denn ich hoffe, daß ich noch eine kurze Zeit leben werde, und ich habe diesen letzten Gehorsam meinem Vater, der in der Hoffnung auf Nachkommenschaft dazu aufforderte, nicht abschlagen wollen. *(LE, 23)*

Im ersten Jahr des Ehestandes hat einer seltsame Gedanken: Wenn er am Tisch sitzt, so denkt er: Vorher warst du allein, jetzt bist du zu zweit. Im Bett, wenn er erwacht, sieht er ein paar Zöpfe neben sich liegen, das er vorher nicht gesehen hat. *(TG 2, 29)*

Allen, die heiraten wollen, ist mein Rat, daß sie nicht scherzen, wenn sie Frauen nehmen wollen. Und suchet ja nicht, mit ihnen verbunden zu werden nach den Lüsten des Fleisches und nach der Brunst, sondern betet, betet! *(TG 1, 43)*

Männer haben eine breite Brust und kleine Hüften, darum haben sie auch mehr Verstand denn die Weiber, welche enge Brüste haben und breite Hüften und Gesäß, da sie sollen daheim bleiben. Im Haus sitzen, haushalten, Kinder tragen und ziehen. *(TG 3, 8)*

Weibern mangelt's an Stärke und Kräften des Leibs und am Verstande. Den Mangel an Leibeskräften soll man dulden, denn die Männer sollen sie ernähren. Den Mangel am Verstande sollen wir ihnen wünschen, doch ihre Sitten und Weise mit Vernunft tragen, sie regieren und ihnen etwas zu Gute halten. *(TG 3, 9)*

Wenn auch eine Frau etwas bitter sein sollte, muß man sie dennoch ertragen, denn sie gehört ins Haus. *(TG 1, 44)*

Ein Weib ist schnell genommen, aber es stets lieb zu haben, das ist schwer und Gottes Gabe. Und wer das hat, der mag unserm Herrgott wohl dafür danken. *(LE, 30)*

Wenn man heiraten will, soll man nicht nach dem Vater, sondern nach dem Leumund der Mutter des jungen Mädchens fragen. Warum? Weil das Bier im Allgemeinen nach dem Faß riecht. *(TG 2, 31)*

Wenn ich noch einmal freien sollte, so wollte ich mir ein gehorsam Weib aus einem Stein hauen; sonst hab ich verzweifelt an aller Weiber Ungehorsam. *(TG 2, 32)*

Weiber, die man bekommt, sind Mitgiften, die man bekommt. Betet nur, es ist vonnöten. *(TG 2, 34)*

Brüste sind eines Weibes Schmuck, wenn sie ihre Proportionen haben; große und fleischliche sind nicht am besten, stehen auch nicht sonderlich wohl, verheißen viel und geben wenig.

Aber Brüste, die voller Adern und Nerven sind, auch wenn sie klein, stehen wohl auch an kleinen Weibern, haben viel Milch, damit sie viele Kinder stillen können. *(TG 3, 10)*

In der Woche zwier, macht im Jahre hundertvier, schadet weder mir noch dir. *(Luther zugeschrieben)*

Wie sich der Mann gegenüber seinem Weib verhalten soll, nämlich daß er sie nicht achten soll, als wäre sie ein Fußtuch, wie sie denn auch nicht aus einem Fuße geschaffen ist, sondern aus des Mannes Rippe mitten im Leib; so daß sie der Mann nicht anders behandeln soll, als sei sie sein eigener Leib oder Fleisch. *(AL, 24)*

So soll man auch die Weiber regieren, nicht mit großen Knütteln, Flegeln oder ausgezogenen Messern, sondern mit freundlichen Worten, freundlichen Gebärden und mit aller Sanftmut, damit sie nicht schüchtern werden. *(AL, 25)*

Er sollte sein Gemahl wohl lieb und wert haben als ein göttliches Geschenk und Kleinod und so denken, wenn er eine andere sähe (auch wenn sie schöner wäre als seine): Ist sie schön, so ist sie doch nicht allzu schön, und wenn sie die Allerschönste auf Erden wäre, so hab' ich doch daheim einen viel schöneren Schmuck an meinem Gemahl. *(AL, 26)*

Hier sollte ich wohl auch noch sagen, daß die Frau ihrem Mann als ihrem Obersten gehorsam und untertan sein, ihm nachgeben, schweigen und sein Recht lassen soll, wenn es nicht wider Gott ist. Umgekehrt, daß auch der Mann sein Weib liebhaben, ihr manches nachsehen und sie nicht streng behandeln soll. *(AS 1, 30)*

Das Weib hat das Lob der Geselligkeit und der Fruchtbarkeit. Ihres Mannes Herz darf sich auf sie verlassen – das ist ein großes Lob der Frau. Dieses Gutes berauben sie sich durch das Unheil, welches sie auch anrichten. *(TG 2, 35)*

Gott hat uns gegeben zu spielen mit Äpfeln und Birnen und Nüssen und mit unseren Weibern; aber mit sich und seiner Majestät läßt er nicht scherzen. *(TG 4, 11)*

Weiber neigen zur Barmherzigkeit, denn sie sind von Gott gerade dazu besonders geschaffen worden, daß sie Kinder tragen sollen und der Männer Lust und Freude und Barmherzigkeit seien. *(TG 5, 7)*

Wem Gott ein Weib gibt, dem gibt er auch zu schaffen, gibt Samen und Kinder, auch das Gedeihen dazu. *(TG 2, 40)*

Gott macht Kinder, er wird sie gewiß auch ernähren. *(LE, 4)*

Muttermilch ist der Kinder beste Nahrung, Trank und Speise, denn sie nähret wohl. Wie denn auch die jungen Kälber mehr zunehmen von der Milch, die sie saugen, als von allem anderen Futter; also werden auch die Kinderlein stärker, die lange gestillt werden. *(TG 3, 11)*

Die Mutter ist's, denn sie trägt das Kind im Mut-
terleibe, gebiert's zur Welt, hängt's an die Brüste
und stillt's; danach scheißt es ihr zum Lohn dafür
in den Schoß. *(AL, 31)*

Je mehr Kinder, je größer Glück. *(LE, 31)*

FRAUEN REDEN ÜBER DIE DINGE
DES HAUSHALTS

Meiner lieben Hausfrau Katherin Ludherin, Doktorin, Saumarkterin zu Wittenberg, meiner gnädigen Frau zu Händen und Füßen. *(LE, 24)*

Luther kam auch auf seine Heirat zu sprechen: Wenn ich vor vierzehn Jahren hätte heiraten wollen, so hätte ich Ave von Schönfeld genommen. Meine Käthe hatte ich damals nicht lieb; denn ich hatte sie im Verdacht, sie sei hochmütig (was sie auch ist). Aber Gott hat es so gewollt, daß ich mich ihrer erbarmte, als sie übriggeblieben war von den nach Wittenberg geflohenen Nimbachener Nonnen. Und durch Gottes Gnade ist mir diese Ehe herrlich geglückt. Ich habe ein treues Weib, sie verderbt mirs nicht. *(TG 1, 46)*

Meine Haushaltung ist wunderlich, weil ich mehr verbrauche, als ich bekomme. Ich muß alle Jahre

500 Gulden in die Küche haben; vom andern zu schweigen. Ich kann mich in das Haushalten nicht richten. *(AL, 27)*

Frauen reden über die Dinge des Haushalts mit großer Liebe und außerordentlicher Beredsamkeit. Was sie mit der Beredsamkeit nicht erreichen können, das setzen sie mit Tränen durch. Zu solcher Zungenfertigkeit sind sie wie geschaffen, denn sie sind darin viel geschickter als die Männer, die erst durch lange Übung und Beschäftigung damit dazu kommen. Aber wenn sie über ihre Haushaltsfragen hinaus über öffentliche Angelegenheiten reden, so taugt das nichts. Denn wenn es ihnen auch an Worten nicht fehlt, so fehlt es ihnen doch am richtigen Verständnis für die Sache – aber sie reden. *(TG 2, 36)*

Wenn sie daher über öffentliche Fragen sprechen, so ist das so wirr und unpassend, daß nichts darüber hinaus geht. Daher ist klar, daß die Frau für den Hausstand geschaffen ist, der Mann aber für das öffentliche Leben, für Kriegs- und Rechtsgeschäfte. *(TG 2, 37)*

Es ist kein Rock noch Kleid, das einer Frau oder Jungfrau übler ansteht, als wenn sie klug sein will.

(TG 2, 33)

Wenn das natürliche Recht und die natürliche Vernunft in allen Köpfen steckte, so könnten Narren, Kinder, Weiber ebensowohl regieren wie David, Augustus und Hannibal.

(AL, 28)

Das ist ein gemarterter Mann, dessen Weib und Magd nichts von der Küche verstehn. Das ist nämlich die erste Kalamität, aus der viele andere Übel folgen.

(TG 5, 8)

Der Wein und die Weiber bringen manchen in Jammer und Herzeleid, machen viele zu Narren und zu wahnsinnigen Leuten. Wollten wir darum den Wein wegschütten und die Weiber umbringen? Nicht also!

(AL, 29)

Obgleich ich weiß, das Gottes Wort in meinem Hause ebensowenig geachtet wird wie in unserer

Kirche, so predige ich doch in meinem Hause, sooft ich nicht öffentlich in der Kirche predigen kann, meines Amtes und Gewissens halben, da ich als Hausvater meiner Hausgenossenschaft predigen muß. *(TG 2, 38)*

Knechte und Mägde haben es immer besser als ihre Herren und Herrinnen, weil sie die Sorgen nicht drücken, die den Familienvater drücken. Sie brauchen nur ihre Arbeit zu verrichten. *(TG 5, 9)*

Meine Frau kann mich überreden, so oft es ihr beliebt, denn sie hat in ihrer Hand allein die ganze Herrschaft. Ich gestehe ihr zwar gern die ganze Herrschaft im Hauswesen zu, aber ich will mein Recht auch unverletzt und uneingeschränkt haben, und Weiberregiment hat nie etwas Gutes ausgerichtet. *(TG 2, 39)*

Käthe, du hast einen frommen Mann, der dich lieb hat. Laß eine andere Kaiserin sein. *(LE, 3)*

Als einer den Doktor über eine Bibelstelle fragte, sprach die Doktorin im Scherze und dazwischen: Herr Doktor, lehrt sie nicht ohne Bezahlung! Sie schreiben sich eine Menge zusammen. Luther erwiderte: Ich habe dreißig Jahre lang ohne Bezahlung gelehrt und gepredigt. Warum sollte ich nun in meinem abgeklapperten Alter anfangen, etwas für Geld zu liefern? *(TG 1, 47)*

Als seine Frau sagte: Herrgott, gib uns einen glücklichen Regen! – fuhr der Doktor so fort: Warum solltest Du es auch nicht tun, Herrgott? Wir sind fromme Leute, verfolgen dein Wort, töten deine Heiligen, sind geizig, Wucherer, Schinder, wahrlich, wir habens wohl um dich verdient! *(TG 1, 48)*

Aus einem Brief an seine Frau:
Meine liebe Jungfer und Frau Käthe! Euer Gnaden sollen wissen, daß wir hier (Gott lob) frisch und gesund sind, fressen wie die Böhmen (doch nicht sehr), saufen wie die Deutschen (doch nicht viel), sind aber fröhlich. Mehr neue Zeitung wissen wir nicht. (...) Schreibe mir auch einmal, ob Du alles gekriegt hast, was ich Dir gesandt habe, wie neulich

90 Gulden mit dem Fuhrmann Wolf etc. Hiermit Gott befohlen, Amen. Und laß die Kinder beten. (...) Der Bischof von Magdeburg läßt dich freundlich grüßen. Dein Liebchen Martin Luther. *(AL, 30)*

Wenn die Kinder grobe Ammen haben, so geraten auch die Kinder nach ihnen, wie dies die Erfahrung zeigt. *(TG 3, 12)*

Wenn's ja Kirschen, Äpfel usw. wären, solche Kindersachen soll man nicht so streng bestrafen; wenn man aber Geld, Kleider, Kasten angreifen will, da ist Zeit zu strafen. Meine Eltern haben mich aufs strengste bis zur Ängstlichkeit erzogen. Meine Mutter schlug mich um einer einzigen Nuß willen bis aufs Blut. (...) Man muß so strafen, daß der Apfel bei der Rute sei. *(LE, 6)*

Es ist keine größere, edlere Gewalt auf Erden als die der Eltern über ihre Kinder, da sie ja geistliche und weltliche Gewalt über sie haben. *(AS 3, 20)*

Wäre Eva und ihre Zitzen nicht gewesen, wären alle Ordnungen der Welt in der Folge unmöglich gewesen (...) da habt ihr die Zier des Weibes, nämlich der Ursprung zu sein aller lebendigen Menschen. *(TG 1, 45)*

EIN JUNGER MENSCH IST
EIN JUNGER MOST

Die Knaben lieben tödliche Waffen, das soll man
ihnen nicht gestatten. *(LE, 5)*

Mädchen lernen früher reden und gehen als die
Knaben, denn Unkraut wächst sich immer schnel-
ler heraus als das Gute. So werden auch Jungfrau-
en eher reif als Jünglinge. *(TG 2, 42)*

Christus, als er Menschen erziehen wollte, mußte
er Mensch werden. Sollen wir Kinder erziehen, so
müssen wir auch Kinder mit ihnen werden. *(AL, 32)*

Ihr stäupt Euren Sohn mehr, denn den Knecht;
denn Ihr gedenkt, ihm das Erbe zu lassen, und je
lieber Kind je größer Rute. *(TG 1, 49)*

Es hilt nichts, daß ein böses Kind über die scharfe Rute schreit. Denn wenn es fromm wäre, dann wäre die Rute nicht scharf. Das paßt nicht: böse sein und ungestäupt sein wollen. *(AS 4, 24)*

Eltern können sich nicht leichter die Hölle verdienen als an ihren eigenen Kindern. *(AS 1, 31)*

Wer Vater oder Mutter flucht, der soll des Todes sterben. Flugs Kopf ab, Kopf weg! Auf daß die Erde nicht voll werde von Gottlosen! *(TG 1, 50)*

Ein junger Mensch ist ein junger Most, der läßt sich nicht halten, er muß gären. *(TG 1, 51)*

Die Jugend ist so zaumlos, ungehalten und wild, daß sie mit zeitlicher Strafe nicht kann gebändigt noch regieret werden. *(TG 3, 13)*

Junge Leute führt die Liebe und Leidenschaft in Versuchung. Der einfache Mann und der Pöbel

werden mit anderen Lastern geplagt. Ein Mann
von dreißig und vierzig Jahren strebt nach Ehr
und Gut. Wenn er sechzig Jahre erreicht, so hat er
seine Anfechtung und denkt: wäre ich nur fromm.

(TG 5, 10)

Ein jeder lern' seine Lektion,
So wird es wohl im Hause stohn.   *(AL, 33)*

Es ist eine schändliche Verachtung Gottes, daß
wir solche herrlichen göttlichen Werke unsern
Kindern nicht gönnen und sie allein in den Dienst
des Bauchs und des Geizes stecken, sie nichts lernen lassen als Nahrung suchen, gleich wie eine Sau
mit der Nase immer im Kot wühlen.   *(AL, 34)*

O wehe der Welt immer und ewig! Da werden täglich Kinder geboren und wachsen bei uns heran,
und es ist leider niemand, der sich des armen jungen Volks annehme und es regiere, da läßt man's
gehen, wie es geht.   *(AL, 35)*

Es ist schwer, alte Hunde zu bändigen und alte Schälke fromm zu machen, woran doch das Predigtamt arbeitet. Aber die jungen Bäumchen kann man besser biegen und ziehen, obgleich auch einige dabei brechen. *(AL, 36)*

Meine Meinung ist, daß man die Knaben am Tage eine Stunde oder zwei in eine solche Schule gehen und nichtsdestoweniger die andere Zeit im Hause schaffen und ein Handwerk lernen lasse (...) Bringen sie doch sonst wohl zehnmal so viel Zeit mit Keulchenschießen, Ballspielen, Laufen und Rammeln. So kann ein Mädchen ja so viel Zeit haben, daß sie am Tag eine Stunde zur Schule gehe und dennoch sein Geschäft im Haus wohl versorgen kann; verschläft's und vertanzt und verspielt es doch wohl mehr Zeit. *(AL, 37)*

Nicht geringer ist es, einen Schüler zu vernachlässigen, als eine Jungfrau zu schwächen. Das sagte man, um die Schulmeister zu erschrecken, denn damals kannte man keine schwerere Sünde als Jungfrauen zu schänden. *(AL, 38)*

Man muß die Musik unbedingt in den Schulen behalten. Ein Schulmeister muß singen können, sonst sehe ich ihn nicht an. *(TG 6, 6)*

Auch sollten wir dorthin, wo die hohen Schulen in der heiligen Schrift fleißig sind, nicht jedermann schicken – wie es jetzt geschieht, wo man nur nach der Menge fragt und jeder einen Doktor haben will. *(AS, 32)*

Wer nicht ohne Huren leben kann, der mag heimziehen oder wohin er will! Hier ist eine christliche Kirche und Schule, daß man Gottes Wort, Zucht und Tugend lernen soll. Wer ein Hurentreiber sein will, der kann es wohl anderswo bekommen. Unser Herr Kurfürst hat diese Universität nicht für Hurentreiber oder Hurenhäuser gestiftet. *(TG 3, 14)*

Lernst Du wohl, wirst Du gebratener Hühner voll. Lernst Du übel, mußt Du mit der Sau zum Kübel.
(Luther zugeschrieben)

Junge Herren müssen gute Tage haben und frischen Mut, bis ins 20. Jahr, daß sie nicht zu spießig werden. Aber danach soll sie Gott trösten, wenn sie ins Regiment kommen. Da werden ihre guten Tage gesalzen sein. *(TG 1, 52)*

(Luther) klagte über die Menge von Büchern und Schreibern; es würde so eine Hochflut von Literatur entstehen, denn jeder schriebe in seiner Selbstüberschätzung ein Buch, andre vermehrten dies Übel aus Gewinnsucht. *(TG 1, 53)*

So wird die Bibel in einer Masse von Literatur über die Bibel begraben. *(TG 1, 54)*

Du solltest nicht eher ein Buch schreiben, du hättest denn einen Furz von einer alten Sau gehört. Darauf sollst du dein Maul aufsperren und sagen: Hab Dank, du schöne Nachtigall, da höre ich einen Text, der ist für mich. *(AL, 39)*

Ich muß klagen über den Geiz, daß die geizigen Wänste und räuberischen Nachdrucker mit unserer Arbeit untreu umgehen. Denn weil sie allein ihren Geiz suchen, fragen sie wenig danach, wie recht oder falsch sie es hindrucken. *(AL, 41)*

Mein Rat ist nicht, daß man ohne Unterschied alle Bücher zuhauf raffe und nicht mehr denke als nur an die Menge und Haufen der Bücher. Ich wollte dabei auswählen. *(AL, 40)*

Das zahllose Ungeziefer, Gewürm und Geschwürm der Bücher. *(AS 1, 33)*

DIE WELT IST WIE
EIN TRUNKENER BAUER

Die Welt ist wie ein trunkener Bauer. Hebt man ihn auf einer Seite in den Sattel, so fällt er auf der anderen Seite wieder herunter. Man kann der Welt nicht helfen, man stelle sich an, wie man wolle. Sie will des Teufels sein. *(AL, 43)*

Drei besonders nötige Werke hätte zu unseren Zeiten alle Herrschaft vornehmlich in unseren Ländern zu tun: Zuerst sollte sie das grausame Unwesen des Fressens und Saufens abschaffen, nicht bloß des Überflusses, sondern auch der Kostspieligkeit wegen. (...) Zweitens sollte sie dem überschwenglichen Aufwand der Kleidung Einhalt gebieten, durch den soviel Gut vertan wird. (...) Drittens sollte sie den wuchersüchtigen Zinskauf austreiben, der in aller Welt Länder, Leute und Städte verheert, verzehrt und zerstört.*(AS 1, 34)*

Daß denn auch ein Mensch soll leben wie ein Schwein, das reimt sich gar nicht mit dieser Herrschernatur. Nicht erwerben durch Arbeit, sondern finden, was da liegt, das ist ihr Tun und Denken.

(TG 1, 55)

Es ist die größte Versuchung in der Welt, daß niemand seinen Beruf treulich erfüllt, sondern alle sich der Muße ergeben wollen. (...) Ich merks wohl, woher der Papst gekommen ist, denn die faulen, müßigen Herren haben ihn ausgeschissen.

(TG 1, 56)

Die Gott nicht vertrauen, vertrauen auf die Kreatur: die Papisten auf ihre Werke, die Heiden auf ihre Götzen, die Geizigen auf ihren Besitz, andere auf Fürsten usw. Die Welt will und muß einen Abgott haben. *(TG 2, 46)*

Unser Herrgott muß ein frommer Mann sein, daß er die bösen Buben kann liebhaben. Ich kann es nicht tun und bin doch selb ein Bub. *(TG 1, 57)*

Wie sollte doch Gott mit uns machen? Gute Tage können wir nicht ertragen, böse können wir nicht leiden! Gibt er uns Reichtum, so sind wir stolz, gibt er Armut, so verzagen wir. Darum ist nichts besser, als uns nur bald mit den Schaufeln zu Tanze geleitet! (beim Totentanz) *(TG 1, 58)*

Der tolle Pöbel fragt nicht viel danach, wie es besser werde, sondern nur, daß es anders werde. Wenn es dann schlimmer wird, so will er wieder etwas anderes haben. Da kriegt er denn Hummeln statt Fliegen und zuletzt Hornissen statt Hummeln. *(LE, 32)*

Die Welt will betrügen oder betrogen werden, darum hat die Welt mit der Wahrheit nichts zu schaffen. *(TG 2, 47)*

Uns wird die Vergebung der Sünden gelehrt, nicht die Freiheit zu sündigen. *(TG 2, 48)*

Es ist bei der Welt kein Dank zu verdienen. *(AL, 44)*

Der Mensch bleibt närrisch bis ins vierzigste Jahr.
Wenn er dann anfängt, seine Narrheit zu erken-
nen, ist das Leben schon dahin. *(TG 5, 24)*

Wenn die Gottlosen auch ein sehr vergnügtes Leben führen, beneide ich sie nicht darum, denn es
geschieht ihnen nicht anders als dem Schwein, das
man in den Stall wirft und bald danach schlachten
wird. *(TG 2, 49)*

Es gibt keine schlimmere Mißgunst in der ganzen
Welt als die der Heuchler. In einem Wegelagerer
und in einer Hure ist mehr Barmherzigkeit als in
einem Heuchler. *(TG 2, 50)*

Wahre Gerechtigkeit empfindet Mitleid, falsche
Gerechtigkeit Entrüstung. *(TG 2, 51)*

Aus Irrtum sündigen geht noch hin, aber mit Be-
wußtsein und Eifer sündigen wollen, das ist zu
viel. *(TG 2, 52)*

Niemand ist je so heilig gewesen, daß er keine böse Neigung in sich gefühlt hätte. *(AS 1, 35)*

Tyrannen sind böse, Häretiker sind schlechter, am schlimmsten aber sind die falschen Brüder. Denn sie sündigen nicht aus Irrtum, sondern gewissermaßen in verstockter Bosheit des Herzens, was gegen den Heiligen Geist sündigen heißt. *(TG 2, 53)*

Heiden, Juden, Türken, Schandbuben, Mörder, böse Weiber. Die sind sämtlich zufrieden und sanft, wenn man tut, was sie wollen, oder sie in Frieden läßt. *(AS 1, 36)*

Verflucht sei das Leben, das einer allein für sich selbst lebt und nicht seinem Nächsten. *(AL, 45)*

Die Welt will die Wahrheit nicht, sondern ihr Gegenteil – Lügen. *(TG 2, 54)*

Die Schlange ist das Abbild der Lüge. Denn sie windet sich immer, ob sie läuft oder ob sie liegt, nur wenn sie tot ist, ist sie gerade. *(TG 2, 55)*

Eine Lüge ist wie ein Schneeball, je länger man ihn wälzt, je größer wird er. *(TG 2, 56)*

Das Los der anderen gefällt uns immer besser: die reichere Saat steht immer auf dem fremden Feld. Und der Nachbar hat immer das glücklichere Vieh. *(TG 2, 57)*

Niemand ist mit seinem Los zufrieden: das träge Rind möchte gern einen Sattel tragen, und das Reitpferd möchte vor den Pflug gespannt werden. Je mehr wir haben, umso mehr wollen wir haben. *(TG 2, 58)*

Unseres Herrgotts Güter genießen die bösen Buben am besten. Denn die Tyrannen haben die Gewalt, die Bauern Käse, Eier, Butter, Korn, Gerste,

Äpfel, Birnen. Die Christen aber müssen im Turm
sitzen, daß sie weder Sonne noch Mond bescheint.

(TG 2, 19)

Vom Hund und der Hündin

Eine schwangere Hündin bat mit demütigen Worten einen Hund, daß er ihr sollte sein Häuslein
gönnen, bis sie geworfen hätte. Das tat der Hund
gerne. Da nun die jungen Hündlein erwuchsen,
begehrte der Hund sein Häuslein wieder, aber die
Hündin wollte nicht. Zuletzt dräute ihr der Hund
und hieß sie das Häuslein räumen. Da ward die
Hündin zornig und sprach: Bist du böse, so beiß
uns hinaus.

Diese Fabel zeigt: Wenn die Laus in den Grind
kommt, so macht sie sich beschissen. Siehe, wie
du des Bösen los werdest, wenn's überhand kriegt.
Der Teufel ist gut zu Gast bitten, aber man kann
sein nicht wohl loswerden.

(LE, 34)

Gold bleibt Gold am Halse der Hure, der Leib der
Hure ist gleicherweisen Kreatur Gottes wie der
Leib der ehrbaren Ehefrau.

(TG 1, 60)

Ein jedes Alter hat seine Beschwerlichkeit. Junge Leute plagt die Geilheit, welche auch kaum, wenn sie in den Ehestand getreten, gelöscht wird. Im männlichen Alter sucht man Reichtum und häuft ihn; und da wächst dann der Geiz. *(TG 6, 9)*

Also: Wenn du traurig bist, suche jeden möglichen Trost auf. Ich absolviere dich in Bezug auf alle Vergnügungen, in denen du Erholung suchst, es sei Essen, Trinken, Tanzen, Spielen, was es ist. Nur die handgreiflichen Sünden nehme ich aus. *(TG 1, 61)*

O, DAS BIER HAT GUTE ZUSÄTZE

Es ist keine Kunst, gutes Bier zu trinken, aber schlechtes trinken können, das ist Kunst. *(TG 1, 62)*

Man muß wissen, daß nicht bei jedem dieselben Mittel anschlagen. Mir hilft ein tüchtiger Trunk; aber einem jungen Menschen möchte ich nicht dazu raten, weil er dabei der Begierde Nahrung gibt. Dem einen hilft Nüchternheit, dem andern ein guter Trunk. *(TG 1, 63)*

Wir könnten auf die Gerste verzichten und statt Bier Wasser trinken. Aber die jungen Männer scheinen ohne Bier schier keine Freude zu haben, denn Spielen allein macht nicht fröhlich, und Liebschaften machen auch keine fröhlichen Leut', darum halten sie sich ganz ans Trinken. *(TG 6, 11)*

Wer das Bierbrauen erfunden hat, der ist ein Unheil für Deutschland gewesen. *(TG 2, 61)*

O, das Bier hat gute Zusätze, darum gärt und schäumt es so gut (wie Judas sagt) alle Schande und Laster heraus. *(AS 4, 26)*

Kannst du Tag und Nacht sitzen im Bierkrug oder sonst mit guten Gesellen schwätzen und plaudern, singen und schreien und wirst nicht müde noch fühlst die Arbeit, so kannst du ja auch eine Stunde in der Kirche sitzen und zuhören *(TG 6, 14)*

Herr Doktor, die Bergleute geben gern, aber sie haben diesen Fehler: an Sonntagen zechen sie sich einen Rausch an. Erwiderte der Doktor: Die Bergleute handeln da zwar nicht recht, aber wenn sie an den andern Tagen fleißig schaffen, muß man ihnen etwas zugut halten. Man muß es ihnen gleichwohl nicht sagen; sie würden sonst noch wilder. *(TG 1, 64)*

Ich habe neulich zu Hof eine harte, scharfe Predigt getan wider das Saufen; aber es hilft nicht. (...) Unser gnädigster Herr und Kurfürst ist ein großer starker Herr, kann wohl einen guten Trunk ausstehen, seine Notdurft macht einen andern neben ihm trunken. *(TG 3, 16)*

Jedes Land muß seinen eigenen Teufel haben, Welschland seinen und Frankreich seinen. Unser deutscher Teufel wird ein guter Weinschlauch sein. Und er muß Sauf heißen, weil er so durstig und höllisch ist, daß er mit noch so großem Saufen von Wein und Bier nicht gekühlt werden kann. *(AL, 9)*

Torgau macht jährlich mindestens 44 000 Schöffel Gerste zu Bier, und das Schöffelmaß ist größer als unseres. *(TG 6, 10)*

Sauft, daß euch das Unglück ankomme! Die werden nicht alt werden. Denn das Beste vom Menschen vergeht mit der Trunkenheit. *(TG 2, 59)*

Ich will den Fürsten bitten, daß er überall allen Untertanen gebieten wolle, sich vollzusaufen. Wenn es ein solches Gesetz gäbe, würden sie es vielleicht unterlassen, denn: Was verboten ist, dagegen handelt man gern. *(LE, 25)*

Der Wein erfreut des Menschen Herz und das Brot stärkt ihn. Für die Toten Wein, für die Lebenden Wasser: das ist eine Vorschrift für Fische. Der Wein ist gesegnet und kommt in der Heiligen Schrift vor, das Bier aber gehört zur menschlichen Überlieferung. *(TG 2, 62)*

Ich esse, daß ich guten Muts bin, du gibst mir zu essen, daß ich fröhlich werde und schenkst mir einen frischen Trunk ein. Auf einem vollen Bauch steht ein fröhliches Haupt. *(LE, 7)*

Eine gute Mahlzeit ist des Hängers wert. *(TG 3, 17)*

Als einmal Luthers Hündchen mit bei Tische war und von seinem Herrn einen Bissen erwartete und ihn mit offenem Maul starr anblickte, da sagte er: O daß ich so beten könnte, wie der Hund auf das Fleisch kann sehen! Seine Gedanken stehn all auf das Stück Fleisch, sonst denkt, wünscht, hofft er nichts. *(TG 1, 65)*

Es muß ein magerer Braten sein, da nichts von ab-
tropft. *(Luther zugeschrieben)*

Wir haben alle die tyrannische Art der Tiere beim
Essen. Der Wolf frißt Schafe, der Fuchs Hühner,
Gänse – wir auch. Mit den Ochsen, Pferden, Kühen
essen wir auch Gras. Mit den Schweinen essen wir
Mist und Dreck, aber inwendig wird alles Dreck.
(TG 5, 12)

Warum rülpset und furzet ihr nicht, hat es euch
nicht geschmacket? *(Luther zugeschrieben)*

Es ist fein, wenn wir etwas zu schaffen haben, so
kriegen wir Gedanken; sonst saufen und fressen
wir nur. *(TG 1, 66)*

Das Geld ist eine unfruchtbare Sache. *(TG 2, 68)*

Geld kann den Hunger nicht stillen, sondern ist im Gegenteil der Grund für Hunger. Denn wo reiche Leute sind, da ist alles teuer. *(TG 2, 63)*

Ich sehe nicht viel gute Sitten, die je durch Handel in ein Land gekommen sind. *(AS 1, 37)*

Wozu dienen doch so viele Zinngefäße? Das ist doch nur ein überflüssiger Unrat, ja Verderb. Türken, Tartaren, Italiener und Waliser brauchen so etwas nicht, höchstens zur Notdurft. Nur wir Deutschen, Böhmen, Polen etc. protzen damit. Alles bringen wir durch und verschwenden es und geben es aus für unnützes Zeug wie überflüssige Kleidung, Seidenwerk, für Fressen und Saufen. Die Fugger und die Messen in Frankfurt wissen das ganz genau, daß wir unser Geld für dummes Zeug ausgeben und verschleudern. *(TG 5, 13)*

Zu unserem Schmerz sehen wir, daß die Welt unverbesserlich ist, sie ist hochmütig und rühmt sich ihrer Schlechtigkeit. Eine solche Schlange ist Leipzig, das ganz in Habgier untergegangen ist.

(TG 2, 64)

Das ständige Vorhandensein macht eine Sache wertlos, Seltenes achtet man. *(TG 2, 65)*

Wenn man einem ein Ding verleiden will, so sage man nur, es sei ganz gewöhnlich und allgemein bekannt, dann wird's verachtet. *(TG 2, 66)*

Alles dauert immer nur vier Wochen, danach wird etwas Neues gesucht. Dieses Verlangen nach immer Neuem ist für das Volk die Mutter aller Irrtümer. *(TG 2, 67)*

Geld ist des Teufels Wort, wodurch er in der Welt alles erschafft.   *(TG 1, 67)*

Wer Geld und Gut hat, der weiß sich sicher, ist fröhlich und unerschrocken, als sitze er mitten im Paradies. Umgekehrt, wer keins hat, der verzweifelt und verzagt, als wisse er von keinem Gott. Denn man wird ihrer gar wenig finden, die guten Mutes seien, nicht trauern noch klagen, wenn sie den Mammon nicht haben; es klebt und hängt der Natur an bis ins Grab.   *(LE, 12)*

Ich kenne die Rechnung nicht. Aber das verstehe ich nicht, wie man mit hundert Gulden im Jahr zwanzig erwerben kann.   *(AS 1, 38)*

Leihst du, so kriegst du es nicht wieder. Kriegst du es wieder, so doch nicht schnell. Wenn auch schnell, so doch nicht so gut. Wenn nicht so gut, verlierst du einen Freund.   *(TG 2, 69)*

Hernach bezahlen bringt viel Unordnung mit sich, wie täglich vor Augen ist; dieser stirbt, jener verdirbt, so daß Vorsorge immer besser ist als Nachsorge. *(AL, 46)*

Das größte Unglück für die deutsche Nation ist gewiß das Kreditwesen. Es besteht nicht viel länger als hundert Jahre und hat schon fast alle Fürsten, Stifte, Städte, Adel und Erben in Armut, Jammer und Verderben gebracht. *(AS 1, 39)*

Die Vernunft müßte uns sagen, daß ein Wucherer ein Mörder sei. Denn wer anderen seine Nahrung aussaugt, raubt und stiehlt, er tut einen ebenso großen Mord als der, der einen Hungers sterben und zugrunde verderben läßt. *(AL, 47)*

Darum geschieht es auch, daß Räuber und Wucherer – wie die Tyrannen und Räuber es verdienen – vielmals unnatürlich sterben, dem raschen Tod verfallen oder sonst schrecklich umkommen. *(AS 4, 27)*

Wie bisher unsere Pfaffen Geld gesammelt und nicht mehr dabei gesucht haben, als daß sie ihre Lust dran sehen und mit den Gulden spielen wie die Mägde mit den Puppen; aber wenn's zur Not kommt, wo man anderen helfen sollte, da ist niemand daheim. *(AL, 48)*

In keiner Hinsicht ist Reichtum etwas Gutes. Darum gibt unser Herrgott für gewöhnlich Reichtum den groben Eseln, denen er sonst nichts gönnt.

(TG 4, 13)

Ich bin ein armer Bettler. Was kann ich verlieren, wo ich nichts habe? *(TG 1, 68)*

Was frage ich danach, ob Wucherer, Edelleute, Bauern und habgierige Bürger mich für einen Dreck halten? Ich werde zu seiner Zeit das gleiche tun. *(TG 2, 70)*

Wo das wahre Evangelium ist, da ist Armut. Vorzeiten hat man ganze Klöster voll geben können, jetzt wissen wir nicht einen Heller zu geben. Aberglaube und Heuchelei bringen Geld genug, die Wahrheit geht betteln. *(TG 2, 71)*

So haben die Gelehrten auch ein Gleichnis, von einem Bettler, der voll Wunden war, in denen viel Fliegen drinnen saßen, die ihn sogen und stachen. Da kam ein barmherziger Mensch, wollte ihm helfen und scheuchte die Fliegen alle von ihm weg. Er schrie aber und sagte: »Ach, was machst du da! Diese Fliegen waren fast voll und satt, so daß sie mir nicht mehr so Angst machten; nun kommen die hungrigen Fliegen an ihrer Stelle und werden mich viel übler plagen.« *(AL, 49)*

Es ist ein Elend in diesem Leben! Die in Muße und Wohlstand leben, wollen nichts schaffen; und die anderen werden daran verhindert durch ihre Armut und durch ihre Belastung mit einem Vielerlei von Geschäften. *(TG 1, 69)*

Der Adel will alles haben, was Bauer und Bürger hat. Ja, sie wollen Fürsten sein. Der Bauer steigert neben dem Adel die Preise für Korn, Gerste und alles, und sie machen mutwillige Teuerung. Der Bürger berechnet in seinem Handwerk auch, was und wie er will. *(AS 4, 28)*

So weiß man von vornherein, was für Mutwille das Gesinde, die Knechte und Mägde in den Häusern üben, was für ein Stehlen, Untreue und allerlei Bosheit sie treiben, so daß alle Hausväter über das Gesinde klagen und schreien. *(AS 4, 29)*

Desgleichen die Arbeiter oder Werkleute, wie sind sie doch Herren! Nehmen an Geld genug, arbeiten, was und wie und wann sie wollen, und wenn sie es verderben und zunichte machen, darf niemand ein Wort gegen sie reden. *(AS 4, 30)*

Die Gegenwart, so gut und schön sie auch sein mag, verschmähen wir immer. Wir streben nach dem, was wir nicht haben. Sobald wir das erreicht haben, wird es sogleich wertlos. So möchte, wer jetzt ein Fürst ist, gern ein König sein oder ein Kaiser. Wer ein Mädchen liebt, dem steht der Sinn allein danach, es zu besitzen und in seinen Augen ist keine schöner als sie. Wenn er sie aber bekommen hat, so wird er ihrer bald überdrüssig und meint, er hätte eine noch viel Schönere bekommen können. So denkt auch der Arme: Hätte ich hundert Taler, so wäre ich der Reichste. Wenn er sie aber hat, so will er immer noch mehr haben usw.

(TG 2, 72)

Das ist der Welt Lauf, so ist's beieinander: nach viel Nahrung und großem Reichtum trachten, Land und Leute unter sich bringen, Gewalt und Ehre haben und in Lust und guten Tagen leben.

(AL, 50)

DER TEUFEL SITZT UND FAUCHT

Ja, wenn der Teufel morgen stürb,
und ein Wolf zum Schafe würd,
so wären Papst und Luther eins!
Der beid geschieht gewißlich keins!
Noch will man viel davon traktieren,
das heißt nur Geld und Zeit verlieren.
Bleibt Christi Wort in Ehren stehn,
so muß der Papst zugrunde gehen.
Kein Mittel ist zu finden hie,
was machen wir mit unsrer Müh?   *(TG 3, 18)*

Der kleinste Engel ist stärker als alle Teufel.

(TG 2, 73)

Wenn du doch gleich ein Engel wärest, wollte ich
dir doch auch nicht so ganz vertrauen, weil doch
Luzifer nicht zu vertrauen gewesen ist.   *(AS 4, 31)*

Was vom Himmel fällt, das ist teuflisch; was auf der Erde strauchelt, das ist menschlich.   *(TG 1, 70)*

Malet Ihr ja den Teufel nicht über die Tür und bittet ihn nicht zu Gevatter, er kommt dennoch wohl!
(LE, 35)

Wer kann dem Teufel und dem Fleisch widerstehen? Ist's doch nicht möglich, daß wir uns der geringsten Sünde erwehren könnten.   *(AS 4, 32)*

Alle Traurigkeit ist vom Teufel, denn er ist ein Herr des Todes.   *(TG 2, 74)*

Darum hütet euch, ihr jungen Gesellen, vor der Traurigkeit, das rate ich euch, denn sie ist auch von Gott verboten, außer daß so der Leib verfällt. Unser Herrgott hat's befohlen: Man soll fröhlich sein. Die Traurigkeit rührt in der Welt meist her vom Geld, vom Ehrgeiz usw.   *(TG 1, 71)*

Wohlan, Teufel, laß mich unbehelligt, ich kann mich jetzt nicht um deine Gedanken kümmern, ich muß reiten, fahren, essen, trinken, das oder das tun, item ich muß jetzt fröhlich sein, komm morgen wieder. *(LE, 21)*

Die ganze Welt ist nichts anderes als ein umgekehrter Dekalog und des Teufels Larve. *(TG 5, 14)*

Der Teufel ist wie ein Vogelsteller, welche Vögel er fängt und berückt, denen dreht er allen die Hälse um und erwürgt sie, behält ihrer gar wenig, allein die da locken und sein Liedlein singen, die setzt er in ein Bäuerlein, daß sie seine Lockvögel seien, andere mehr damit zu berücken und zu fangen.

(TG 2, 75)

Viele Dämonen sind im Wald, Wasser, in Sümpfen und an verlassenen Orten, damit sie den Menschen nicht Schaden tun sollen. Andre sind in den dichten Wolken und machen Sturm, Blitz, Donner und Hagel. Das schreiben die Philosophen und Mediziner der Natur zu und irgendwelchen Ursachen. *(TG 1, 72)*

Es werden viel mehr und viel größere Sünden begangen, wenn die Leute allein sind, als wenn sie sich in der Gesellschaft Anderer aufhalten. Als Eva allein im Paradies spazieren ging, da hat sie der Teufel betrogen und verführt. *(TG 5, 15)*

Wo Winkel und einsame Orte sind, da geschehen meistens Totschlag, Mord, Raub, Diebstahl, Unzucht, Ehebruch und andere Sünden, denn wo Einsamkeit ist, da hat der Teufel Platz und Gelegenheit, die Leute zur Sünde zu verführen. Aber wer unter Leuten und in ehrlicher Gesellschaft ist, der schämt sich, Sünden, Laster und Schändliches zu begehen. *(TG 5, 16)*

Ich bin den Fliegen darum feind und gram, weil sie ein Abbild des Teufels und der Ketzer sind. Denn wenn man ein schönes Buch aufschlägt, fliegt gleich eine Fliege drauf und läuft mit ihrem Arsch herum, als wollte sie sagen: Hier sitze ich und hier will ich meinen Balsam oder meinen Dreck hinschmieren. So macht's der Teufel auch: Wenn die Herzen am reinsten sind, kommt er und scheißt hinein. *(TG 6, 11)*

Satan hat einen Haufen Zungen und söffe wohl
die halbe Elbe aus. *(TG 6, 12)*

Judas hatte auch eine Zeitlang gute Tage, aber er
starb übel. *(TG 1, 73)*

Der Teufel disputierte heute Nacht mit mir und
klagte mich an, daß ich ein Dieb sei, weil ich den
Papst und so viele Klöster beraubt hätte. Aber ich
wollte ihm nicht antworten und sagte: Lecke du
mich im Arsch. Da hörte er auf. Sonst kann man
ihn nicht loswerden. *(LE, 8)*

Vom Teufel geplagt
Als ich Anno 1521 von Worms abreiste und bei Ei-
senach gefangen wurde und auf dem Schloß Wartburg saß, da war ich ferne von Leuten in einer Stube und es konnte niemand zu mir kommen außer
zwei Edelknaben, die mir am Tag zweimal Essen
und Trinken brachten. Nun hatten sie mir einen
Sack mit Haselnüssen gekauft, die ich zuzeiten aß,
und ich hatte den in einen Kasten verschlossen.
Als ich nachts zu Bette ging, zog ich mich in der

Stube aus, machte das Licht auch aus, ging in die Kammer und legte mich ins Bett. Da kommt mir's über die Haselnüsse, fängt an und quetscht eine nach der andern mächtig hart an die Balken und rumpelt mir am Bett; aber ich fragte nichts danach. Wie ich nun ein wenig einschlief, da fängt's an der Treppe ein solch Gepolter an, als würfe man ein Schock Fässer die Treppe hinab; obwohl ich doch wußte, daß die Treppe mit Ketten und Eisen wohl verwahrt war, so daß niemand hinauf konnte; dennoch fielen so viel Fässer hinunter. Ich stehe auf, gehe auf die Treppe und will sehen, was da sei: da war die Treppe zu. Da sagte ich: Bist du es, so sei es! Und befahl mich dem Herrn Christus und legte mich wieder nieder ins Bett. Das ist die beste Kunst, ihn zu vertreiben, wenn man Christus anruft und den Teufel verachtet; das kann er nicht leiden. *(AL, 51)*

Also muß ich zum Satan sagen: Du bist als eine Sau erschaffen – dann weicht er, denn er will keine Verachtung leiden. *(TG 1, 74)*

Eine Magd hatte allezeit einen Teufel bei sich am Herde sitzen, wo er ein eigenes Plätzchen hatte, das er sehr rein hielt, wie es der Teufel denn gerne pflegt rein zu halten, wo er ist; wie die Fliege auch gern aufs Reine scheißt, wie auf weißes Papier. Nun bat einmal die Magd das Heinzlein (denn so hieß sie den Teufel), er solle sich doch sehen lassen, wie er gestaltet wäre; aber das Heinzlein wollte es nicht tun; bis einmal die Magd in einen Keller geht, so sieht sie in einem Faß ein totes Kindlein schwimmen. Da zeigte sich, wer der Teufel wäre, nämlich der Urheber des Mords; denn die Magd hatte einmal ein Kind gehabt und es erwürgt und ins Faß gesteckt. *(AL, 52)*

Wenn mich der Teufel in der Nacht plagen will, gebe ich ihm diese Antwort: Teufel ich muß jetzt schlafen. Das ist Gottes Befehl und Ordnung, am Tag zu arbeiten und in der Nacht zu schlafen. Wenn er nicht aufhört und mir meine Sünden vorhält, so sage ich: Lieber Teufel, ich hab das Register gehört, aber ich hab noch eine Sünde begangen. Die steht nicht in deinem Register, schreib sie auch auf: Ich hab in die Hosen geschissen, häng's dir an den Hals und wisch dir das Maul damit ab. *(TG 5, 17)*

Wenn man aber den Satan einmal als solchen er-
kannt hat, kann man seinen Stolz leicht zuschanden machen, indem man sagt: leck mich im A....,
oder: Sch... in die Hosen und häng's an den Hals.

(TG 2, 76)

Wo kommt der Teufel her? Von Engeln. Wo kommen die Huren her? Von Jungfrauen. Wo die Buben? Von frommen Leuten. Bös Ding das muß vom
guten herkommen.

(TG 1, 76)

Die Welt ist des Teufels und besteht aus Teufeln.
Laßt uns beten!

(TG 2, 64)

Die Winde sind nichts anderes als Geister, entweder gute oder böse. Der Teufel sitzt und faucht; so
auch die Engel, wenn heilsame Winde wehen.

(TG 1, 75)

EHE WIR RECHT KLUG WERDEN,
SO LEGEN WIR UNS NIEDER
UND STERBEN

Willst du alt werden,
so werde bald alt:
behalte den Kragen warm,
fülle nicht so sehr den Darm,
komm der Grete nicht zu nah,
also wirst du langsam grau.   *(TG 5, 19)*

Wer mit 20 Jahren nicht schön, mit 30 Jahren
nicht stark, mit 40 Jahren nicht klug, mit 50 Jahren nicht reich ist, der braucht danach nicht mehr
zu hoffen.   *(TG 5, 20)*

Ach, unsere arme Klugheit! Ehe wir recht klug
werden, so legen wir uns nieder und sterben; darum hat der Teufel gut Krieg führen! Wenn einer
dreißig Jahre alt ist, so hat er noch fleischliche Tor-
heiten, zu schweigen von den geistlichen Torhei-
ten.   *(LE, 9)*

Luther betrachtete seinen Hund Tölpel und sagte: Sehet den Hund an! Er hat nicht einen einzigen Fehl an seinem ganzen Leib, hat feine frische Augen, starke Beine, schöne weiße Zähn, ein guten Magen usw. Das sind die höchsten Gaben des Leibes, und Gott gibt sie einem solchen unvernünftigen Tier. *(TG 1, 79)*

Medizin und Arznei machen die Menschen krank, denn die Ärzte erdenken Krankheiten. Die Mathematik macht traurig, die Theologie macht aus den Menschen Sünder. *(TG 5, 18)*

Daher sagen die Sprichwörter der Deutschen von einem jungen Arzt, daß er einen neuen Friedhof brauche, von einem (...) Juristen, daß er alles in Streitigkeiten verwickle, von einem jungen Theologen, daß er die Hölle mit Seelen fülle. *(LE, 16)*

Es gehört nicht zur Aufgabe der Ärzte, darüber zu disputieren, wie man es mit Gesunden halten solle. Sie haben sich um Kranke zu kümmern wie die Theologen um Sünder. *(TG 2, 77)*

Ach lieber Gott, wäre ich zu Schmalkalden am Stein gestorben, so wäre ich schon ein Jahr lang im Himmel, frei von allem Übel. Ich bin damals genug von den Ärzten traktiert worden. Sie gaben mir Getränke als wenn ich ein großer Ochse wäre. Sie haben meinen Körper so geschunden, daß all meine Glieder eiskalt wurden. *(TG 2, 78)*

Wenn zu einer Krankheit die Ungeduld kommt, da hebt sich des Teufels Freude. *(TG 1, 77)*

Als Luther die rote Ruhr hatte und auch von Steinen geplagt wurde, sagte er: Lieber Herrgott, was für ein Schatz ist ein gesunder Leib, der essen, trinken, schlafen, verdauen und Harn lassen kann. Wie wenig dankt man ihm dafür. *(TG 3, 19)*

Einer klagte, wie ihn die Krätze Tag und Nacht quälte; darauf sagte der Doktor: Wenn ich doch mit Euch tauschen könnte! Nehmt meinen Kopf, ich Eure Krätze; ich will zehn Gulden dafür geben! Ihr wißt nicht, was für Beschwerden mein Schwindel, das Sausen und Brausen im Kopf sind. (...) Ich wünschte mir die Krätze zur Gesundheit meines Kopfes. *(TG 1, 78)*

Ein armer Mensch ist, wer von der Hilfe der Ärzte abhängig ist. Ich leugne ja nicht, daß die Medizin eine Gabe Gottes und eine Wissenschaft ist, aber wo gibt es vollkommene Ärzte? *(TG 2, 79)*

Die Ärzte sind unseres Herrgotts Flicker. *(TG 5, 25)*

Bei uns trägt man neue Ungeheuer von Heuschrecken herum, deren Gestalt ich gesehen habe. Hier sind sie noch nicht gewesen. Aber in nicht ferner Nachbarschaft ist eine derartige Wolke und Menge, daß Wagen und Pferde ein, zwei, drei Meilen weit wie durch knatternde Krebse sich bewegen. Die Pest wütet überall. *(LE, 22)*

Hans Lufft ist wieder aufgekommen und hat die Pest überwunden, und viele andere werden wieder gesund, wenn sie Arznei nehmen. Aber viele sind so beschränkt, daß sie die Arznei verachten und ohne Grund sterben. *(LE, 36)*

Unser Herr Gott gibt allemal mehr, als wir bitten. Wenn wir recht um ein Stück Brot bitten, so gibt er einen ganzen Acker. Ich bat, Gott sollte mir meine Käthe leben lassen, da gibt er ihr ein gutes Jahr dazu. *(AL, 53)*

Fromme gottselige Christen werden mehr vom Tod erschreckt, und gerade sie sollten sich doch nicht erschrecken lassen. Die Gottlosen, die sollte der Tod erschrecken. Aber die leben ganz unbeschwert dahin und denken gar nicht an den Tod. *(TG 2, 80)*

Ich bin nicht der Meinung, daß die ganz und gar zu verdammen seien, die sich selbst töten. Mein Grund ist: sie tun es nicht gern, sondern lassen sich vom Teufel überwältigen. *(TG 1, 80)*

So ist es auch mit einem kranken Menschen: wenn er sterben soll, so stellet er sich gemeiniglich am Ende am frischesten, gleich als wollt er wieder aufkommen, und im Hui ist der dahin. *(TG 1, 81)*

Sterbe ich, so will ich ein Geist werden und die Bischöfe, Pfaffen und die gottlosen Mönche dergestalt plagen, daß sie mit einem gestorbenen Luther mehr zu schaffen haben sollen denn mit tausend lebendigen. *(TG 3, 20)*

Wenn Christus am Jüngsten Tage mit der Posaune blasen läßt, dann werden alle wieder hervorzischen und auferstehen wie die Fliegen, die im Winter tot daliegen. *(TG 5, 21)*

Nun bitten wir den Heiligen Geist
Um den rechten Glauben allermeist,
daß er uns behüte an unserm Ende,
wenn wir heimfahrn aus diesem Elende.
Kyrieleis. *(LE, 13)*

Anno 1546 am 16. Februar, sagte D. M. Luther: Wenn ich wieder heim nach Wittenberg komme, so will ich mich alsdann in den Sarg legen und den Maden einen feisten Doktor zu essen geben.

(TG 1, 82)

ICH ABER STECHE
MIT SCHWEINSSPIESSEN

Philippus Melanchthon sticht auch, aber nur mit Pfriemen und Nadeln. Diese Stiche sind schwer zu heilen und tun weh. Ich aber steche mit Schweinsspießen. *(TG 1, 83)*

Narren schwatzen allezeit mehr als Weise. Es gehen viele Worte in einen Sack, und mit Schweigen wird viel geantwortet. *(AS 4, 25)*

Ich muß Geduld haben mit dem Teufel; ich muß Geduld haben mit den Schwärmern, ich muß Geduld haben mit den Scharrhansen, ich muß Geduld haben mit der Käthe von Bora, und es ist der Geduld noch so viel, daß mein ganzes Leben nichts andres sein will als Geduld. *(TG 2, 81)*

So ist das Menschenleben, das reine Würfelspiel. *(TG 5, 22)*

Was habe ich heute schon getan? Zwei Stunden habe ich gekackt, drei Stunden gegessen, und darnach vier Stunden müßig gegangen. Ah Herr, gehe nicht mit deinem Knecht ins Gericht! *(TG 3, 21)*

Du sollst ein fein süßer Mensch sein, von Herzen, von Worten und Werken, keine böse Ader in dir haben. Ja, wo nehme ich den Menschen her?

(LE, 10)

Ja, alle Welt haßt die Wahrheit, wenn sie einen trifft. *(AL, 54)*

Ich weiß drei böse Hunde: Undankbarkeit, Stolz, Neid. Wen die drei Hunde beißen, der ist sehr übel gebissen. *(TG 1, 59)*

Faule Hände müssen ein böses Jahr haben. *(TG 6, 8)*

Die Welt hat keinen solchen Ekel an mir wie ich an ihr. *(TG 1, 85)*

Wir fürchten uns alle vor dem Eigensinn der Frauen. *(TG 2, 82)*

Gott straft selbst, aber heimlich, entweder durch Armut, eine böse Frau, durch ungehorsame Kinder und auf viele andere Weise. Was für eine Strafe wünschst du also? *(TG 2, 83)*

Ich bin nicht gern ein Prophet, denn meine Prophezeiungen werden gerne wahr. *(TG 4, 14)*

Ich habe etliche geistliche Lieder zusammengebracht, (...) da ich gerne wollte, daß die Jugend (...) etwas hätte, um von ihren Buhlliedern und fleischlichen Gesängen loszukommen und an deren Stelle etwas Heilsames zu lernen. *(AL, 42)*

Viele Samen guter Eigenschaften stecken in den Gemütern, die von der Musik ergriffen werden; die aber nicht von ihr ergriffen werden, sind, denke ich, Stümpfen und Steinen gleich. *(LE, 37)*

Ich lobe die Astronomie und die Mathematik, welche mit Beweisen umgehen, von der Astrologie erwarte ich nichts. *(TG 2, 44)*

Ich glaube, daß Philippus (Melanchthon) Astrologie treibt, so wie ich einen starken Trunk Biers liebe, wenn ich schwere Gedanken habe. *(TG 1, 84)*

Doch ist großer Verstand auch ein böses Ding, wenn er übel gerät. *(TG 2, 45)*

Schaut doch nur, wie fein ein Fischlein laicht: eines bringt tausend zustande, wenn das Männlein mit dem Schwanz schlägt und den Samen ins Wasser schüttet, dann empfängt das Fräulein. *(TG 5, 23)*

Da singen die Vögel, da blökt das Vieh, Knecht und Magd gehen zu Felde mit einem Liedlein; desgleichen kommt zum Abend alles wieder heim mit Singen und Blöken. *(AL, 55)*

Hier regnet's Narren über Narren. Glaube du ihnen nichts. Sei nicht im Zweifel, der Teufel reitet sie. *(AS 3, 21)*

Eine Dohle brütet keine Tauben aus, und ein Narr zeugt keinen Klugen. *(TG 6, 13)*

Das wahre und eigentliche Ziel des Prediger Salomo ist: Laß es gehen, wie es geht, weil es gehen will, wie es geht. *(TG 2, 84)*

Wenn ich wüßte, daß morgen die Welt untergeht, würde ich heute noch ein Bäumchen pflanzen.
(Luther zugeschrieben)

Wer nicht liebt Wein, Weib und Gesang, der bleibt ein Narr sein Leben lang.
(Luther zugeschrieben)

Hier stehe ich, ich kann nicht anders, Gott helfe mir. Amen. *(Luther zugeschrieben)*

WENN'S ENDE GUT, SO IST ALLES GUT.

Auch der Teufel ist den Sprichwörtern feind; darum hat er seinen Geifer drangeschmiert wie an vielen Sprüchen der Schrift, um es mit seinem Spott verdächtig zu machen und die Leute davon abzuführen. Wir aber müssen den Teufelsdreck wegnehmen und die Sprichwörter retten.   *(AL, 56)*

Alte Ziegen lecken gern Salz.

Wer bei den Wölfen sein will, muß mit ihnen heulen.

Der Katzen Spiel ist der Mäuse Tod.

Frauen soll man loben, sei es wahr oder erlogen.

Kitzle dich nicht selbst – du lachst dich tot.

Ein Messer hält das andre in der Scheide.

Wo die Hunde bellen, ist das Dorf nicht weit.

Ein freundlicher Wirt ist das beste Gericht.

Ich hab's im Sinn – hätt ich's im Beutel.

Wer einen Pfennig nicht ehrt, wird keines Guldens Herr.

Eine offenbare Lüge ist keine Antwort wert.

Es tanze jeglicher auf seinen Füßen.

Viel Hände machen leichte Arbeit.

Kleinen Leuten liegt der Dreck nahe.

Über den Zaun gucken hält gute Nachbarschaft.

Wer die Nase in alle Winkel steckt, der klemmt sich gerne.

Wer nichts zu reiten hat, der mag gehen.

Wer den Schaden hat, darf für den Spott nicht sorgen.

Laß dir die Sonn in den Arsch scheinen.

Ich will dir den Teufel braten.

Dreck löscht Feuer.

Er hat Hummeln im Arsch.

Wer es riecht, aus dem es kriecht.

Wer's kann, dem kommt's.

Es nützt dir so viel wie das Pissen gegen den Wind.

Hier ist Mühe und Arbeit verloren.

Wenn's Ende gut, so ist alles gut.

Ich muß tun, als hätte mich ein Hund gebissen.

Gehab dich wohl in dem Herrn, lieber Leser, und
bete für das Wachstum des Wortes wider den Satan; denn er ist mächtig und böse, ja nun auch
ganz rasend vor Grimm. *(AS 1, 40)*

QUELLENANGABEN

AS 1: Martin Luther, Ausgewählte Schriften in 6 Bänden. Band 1: Aufbruch zur Reformation. Hg. Karin Bornkamm und Gerhard Ebeling, Frankfurt 1995

AS 3: Martin Luther, Ausgewählte Schriften in 6 Bänden. Band 3: Auseinandersetzung mit der römischen Kirche. Hg. Karin Bornkamm und Gerhard Ebeling, Frankfurt 1995

AS 4: Martin Luther, Ausgewählte Schriften in 6 Bänden. Band 4: Kirche, Gottesdienst, Schule. Hg. Karin Bornkamm und Gerhard Ebeling, Frankfurt 1995

AL: Martin Luther: Aus rechter Muttersprache. Insel Almanach auf das Jahr 1983. Hg. Walter Sparn, Frankfurt 1983

LE: Martin Luther. Lektüre für Augenblicke. Hg. Walter Sparn, Frankfurt 1983

Die Zitate aus den Tischgesprächen Luthers greifen auf folgende Übertragungen zurück:

TG 1: Luther im Gespräch. Hg. Reinhard Buchwald, Frankfurt 1983

TG 2: Martin Luther: Tischreden. Hg. Kurt Aland, Stuttgart 2009

TG 3: Dem Luther aufs Maul geschaut. Hg. Thomas Maess, Leipzig 1982

TG 4: Plaudereien an Luthers Tafel. Hg. Thomas Maess, Leipzig 2010

TG 5: Martin Luther: Tischreden. Vom Einfachen zum Erhabenen. Hg. Thomas Walldorf, Wiesbaden 2013

TG 6: Luther zum Vergnügen. Hg. Johannes Schilling, Stuttgart 2008

Luther – der Rebell

ALOIS PRINZ
WIE AUS MARTIN
LUTHER WURDE
INSEL VERLAG

In den ersten Jahrzehnten seines Lebens war der junge Martin Luther mächtigen Autoritäten ausgesetzt: dem strengen Vater, den Lehrern, die wenig Verständnis aufbrachten, aber mit Schlägen nicht geizten, und nicht zuletzt Gott, den sich Luther nur als »gestrengen, zornigen Richter« vorstellen konnte. Um vor diesen Autoritäten bestehen zu können, wurde Martin ein gehorsamer Sohn, ein fleißiger Schüler und ein vorbildlicher Student – und schließlich ein mustergültiger Mönch. Um seine große Entdeckung eines gnädigen Gottes zu verstehen, muss man auch nachvollziehen, wovon sich Luther befreite. Diese Befreiung war notwendig verbunden mit dem Auftrag, Missstände in der Kirche anzuklagen und gegen ein falsch verstandenes Christentum aufzustehen.

Bestsellerautor Alois Prinz erzählt, wie aus dem ängstlichen und überangepassten jungen Martin der furchtlose Rebell Luther wurde.

Alois Prinz, Wie aus Martin Luther wurde. insel taschenbuch 4555. 80 Seiten

ANDREW
PETTEGREE

* * *

**Die Marke
Luther**

ie ein unbekannter Mönch
eine deutsche Kleinstadt zum
Zentrum der Druckindustrie
und sich selbst zum berühmtesten Mann Europas machte –
und die protestantische Reformation lostrat

INSEL

Eine der spannendsten Geschichten der Neuzeit: wie ein einfacher Mönch zum ersten Star des Medienzeitalters aufstieg.

Als Martin Luther 1517 seine 95 Thesen an die Tür der Wittenberger Schlosskirche nagelte, war er praktisch unbekannt. Doch innerhalb weniger Jahre verbreiteten sich seine Ideen in ganz Europa und erschütterten den Kontinent in seinen Grundfesten. Luther wurde berühmt, ja berüchtigt. Wie hatte er das geschafft? Andrew Pettegree zeichnet nach, wie es Luther gelang, sich in der Öffentlichkeit zu positionieren – als Kritiker der katholischen Kirche, als Vorkämpfer für Frauenrechte, als Demagoge, der auch gegen Juden wetterte. Er schildert den nachhaltigen Einfluss, den die Reformation auf das Buchgewerbe hatte, und umgekehrt. Mit sicherem Gespür für das, was wir heute Imagepflege und Marketing nennen, machte Luther sich die neue Technik des Buchdrucks zunutze, baute Netzwerke auf und schuf gemeinsam mit Lucas Cranach für sich und seine Lehre eine eigene Markenidentität.

Andrew Pettegree, Die Marke Luther. Wie ein unbekannter Mönch eine deutsche Kleinstadt zum Zentrum der Druckindustrie und sich selbst zum berühmtesten Mann Europas machte – und die protestantische Reformation lostrat. Aus dem Englischen von Ulrike Bischoff. Insel Verlag. Gebunden. 450 Seiten

**Wie aus einem Vaterkonflikt
der Konflikt mit der Mutter Kirche
entstand**

Der renommierte Psychoanalytiker Erik H. Erikson erzählt in diesem Klassiker der Lutherforschung die Geschichte der dramatischen Identitätskrise, die Martin Luther zum Reformator machte: Er rebellierte gegen seinen dominanten Vater, weigerte sich zu heiraten und Jurist zu werden; stattdessen trat er ins Kloster ein und ließ sich zum Priester weihen – bis er sich im Alter von 34 Jahren dann mit dem folgenreichen Thesenanschlag entschieden gegen die Autoritäten von Papst und Kirche stellte. Luther hatte damit eine Lösung für seine persönliche Krise gefunden, die gleichzeitig einschneidende Umwälzungen für die gesamte christlich-westliche Welt bedeuteten.

Erik H. Erikson, Der junge Mann Luther. Eine psychoanalytische und historische Studie. Aus dem amerikanischen Englisch von Johanna Schiche. suhrkamp taschenbuch 4712. 450 Seiten